Saúde e Segurança no trabalho no eSocial

MARCO ANTONIO BORGES DAS NEVES

Médico, formado na Turma XXVII da Faculdade de Ciências Médicas da Universidade São Francisco (Bragança Paulista — SP), tendo feito Residência Médica em Medicina Preventiva (com concentração em Saúde Ocupacional), na UNICAMP (Campinas — SP). Possui Títulos de Especialista em Medicina do Trabalho (Associação Nacional de Medicina do Trabalho — ANAMT / Associação Médica Brasileira — AMB), e em Medicina Legal e Perícias Médicas (Associação Nacional de Medicina Legal e Perícias Médicas — ANMLPM / Associação Médica Brasileira — AMB). Atuou como Perito Judicial em várias Varas do Trabalho do TRT da 15ª Região e atualmente se dedica exclusivamente a consultorias empresariais e à realização de Assistências Técnicas em Perícias Judiciais Cíveis, Criminais e Trabalhistas. Também é autor de "As Doenças Ocupacionais e as Doenças Relacionadas ao Trabalho — as diferenças conceituais existentes e as suas implicações na determinação pericial do Nexo Causal, do Nexo Técnico Epidemiológico (NTEP) e na Concausalidade", LTr Editora, 2011.

REGIS EDUARDO CAMPOS

Químico, formado pelas Faculdades Oswaldo Cruz (São Paulo — SP); **Engenheiro Químico**, pela Faculdade Pitágoras (Jundiaí — SP), sendo pós-graduado em **Gestão Ambiental** pelas Faculdades Oswaldo Cruz (São Paulo — SP) e em **Engenharia de Segurança do Trabalho** pela Faculdade Pitágoras (Jundiaí — SP). Foi Professor do Curso de Pós-Graduação em Engenharia de Segurança do Trabalho no SENAC (Jundiaí — SP), Atuou, e está atuando como Perito Judicial em Varas do Trabalho do TRT da 15ª região.

SAÚDE E SEGURANÇA NO TRABALHO NO eSocial

EDITORA LTDA.
© Todos os direitos reservados

Rua Jaguaribe, 571
CEP 01224-003
São Paulo, SP — Brasil
Fone (11) 2167-1101
www.ltr.com.br
Maio, 2018

Produção Gráfica e Editoração Eletrônica: RLUX
Projeto de capa: FABIO GIGLIO
Impressão: FORMA CERTA

Versão impressa — LTr 5993.6 — ISBN 978-85-361-9625-1
Versão digital — LTr 9393.0 — ISBN 978-85-361-9719-7

Dados Internacionais de Catalogação na Publicação (CIP)
(Câmara Brasileira do Livro, SP, Brasil)

Neves, Marco Antonio Borges das
  Saúde e segurança no trabalho no eSocial / Marco Antonio Borges das Neves, Regis Eduardo Campos. — São Paulo : LTr, 2018.

  Bibliografia.

  1. eSocial — Sistema de Escrituração FiscalDigital das Obrigações Fiscais, Previdenciárias e Trabalhistas 2. Segurança do trabalho 3. Segurança e saúde no trabalho I. Campos, Regis Eduardo. II. Título.

18-14045   CDU-34:331.823

Índice para catálogo sistemático:

1. Segurança e saúde no trabalho : Direito do trabalho   34:331.823

*Dedicamos este livro aos nossos filhos, Enrico e Murilo.
Que um dia possam se inspirar em seus filhos, assim
como hoje nos inspiramos neles, para se esforçar ao
máximo e levar adiante seus próprios projetos.*

Desejamos agradecer aos nossos pais, Antonio e Maria de Nazareth; Linaldo e Ivone, que nos deram a oportunidade de estudar e nos indicaram o caminho correto, por meio do qual estamos podendo crescer em nossas carreiras e ganhar o respeito de nossos colegas de profissão;

É, também, a oportunidade de agradecermos às nossas esposas, Leila e Sandra, que tiveram grande paciência durante o período em que tivemos que nos dedicar mais aos estudos necessários para compor esta obra, do que aos nossos lares.

Não poderíamos deixar de agradecer, também, aos nossos irmãos Julio, Carmem, José; Cibele e Tiago, por estarem ao nosso lado sempre que precisamos, nos momentos bons e ruins, ao longo de nossas vidas.

Também gostaríamos de agradecer aos nossos mestres, que nos deram as bases que permitiram iniciar solidamente a construção de nossas carreiras.

Finalmente, gostaríamos de agradecer especialmente à LTr, que nos dá novamente o privilégio de dividir com os leitores o resultado deste nosso novo trabalho.

A todos vocês os nossos mais sinceros agradecimentos.

Índice

Prefácio 11

Introdução 15

1. eSocial, uma breve introdução 17

2. Prestação de informações no eSocial 24
    A. Eventos de tabelas, validades de informações do empregador e tabelas do empregador 24
    B. Eventos não periódicos 26
    C. Eventos periódicos 26
        Prazo de envio das informações 27
            1. Para os eventos não periódicos 27
                1.1. Quanto aos benefícios previdenciários 27
                1.2. Quanto ao registro de eventos trabalhistas 27
            2. Para os eventos periódicos 28

3. Uma mudança histórica, potencialmente benéfica para a saúde e segurança do trabalhador, mas que requer cuidados pelo empregador 30

4. Saúde e segurança do trabalho e o eSocial 38

5. Preenchimento das tabelas referentes à saúde e segurança do trabalho 46

6. Tabelas do eSocial relacionadas com saúde e segurança do trabalho 67

7. Implicações práticas da implementação do eSocial e as preocupações relativas à interpretação das informações relativas à saúde e segurança do trabalho 126

8. Ergonomia no eSocial 134

9. Considerações sobre alguns documentos importantes da área de saúde e segurança do trabalho 141
    1. PPRA (NR-9) 141
    2. PCMSO (NR-7) 145
    3. LTCAT 147
    4. PPP 148

10. Referências bibliográficas 153

Prefácio

"Saúde e Segurança do Trabalho no eSocial" é uma obra que nasceu a partir de discussões entre os autores, especialistas em Saúde e Segurança do Trabalho, sobre o que ocorreria com a implementação da fase final (e mais complexa), do eSocial, ou seja: as informações atinentes à Saúde e Segurança do Trabalho.

Os autores possuem vasta experiência na avaliação de temas relacionados à Saúde e Segurança do Trabalho, sendo que o Engenheiro Químico e de Segurança do Trabalho, Regis Eduardo de Campos, atua há vários anos como Perito Judicial na Justiça do Trabalho; e o Dr. Marco Antonio Borges das Neves é especialista em Medicina do Trabalho e em Medicina Legal e Perícias Médicas, tendo atuado como médico do trabalho em grandes empresas, e no serviço público, além de ter sido Perito Judicial por vários anos e, atualmente, atuar como consultor para grandes empresas. A visão de profissionais que há vários anos atuam em avaliações, perícias e auditorias sobre estes temas, permite uma visão privilegiada sobre as oportunidades e armadilhas existentes nesta nova ferramenta do Sistema Público de Escrituração Digital (SPED).

A exemplo do que aconteceu após a mudança do sistema de declarações de imposto de renda, que eram elaboradas manualmente em impressos vendidos em papelarias, para um sistema informatizado, deve ocorrer um incremento na capacidade de fiscalização governamental, o que pode levar a uma melhoria progressiva e continuada das condições de trabalho. Por outro lado, devido à uma grande série de elementos e fatores históricos, a qualidade das informações dos documentos de Saúde e Segurança do Trabalho de um grande número de empregadores, pode ser inadequada. Esta inadequação pode levar contadores e analistas de RH, que não são capacitados para analisar o conteúdo das informações de Saúde e Segurança do Trabalho, a alimentar o eSocial com informações imprecisas ou incorretas, tendo o potencial, por um lado, de levar a prejuízos à saúde dos trabalhadores, provocar seu adoecimento ou expô-los inadvertidamente a riscos ocupacionais. No extremo oposto, o preenchimento impreciso dessas informações pode criar enormes passivos previdenciários e trabalhistas, como por exemplo, majoração do SAT, Aposentadorias Especiais indevidas, presunção indevida de natureza ocupacional para benefícios previdenciários, bem como as consequências decorrentes de uma caracterização equivocada desta natureza.

Neste livro, os autores se esmeram para detalhar quais as informações quanto à Saúde e Segurança do Trabalho devem ser fornecidas ao eSocial, alertam sobre possíveis armadilhas que podem haver na implementação deste sistema, e, por fim, sugerem ações para minorar a possibilidade de imprecisões e suas consequências.

"A parte que ignoramos é muito maior do que tudo quanto sabemos".

(frase atribuída a Platão)

Introdução

O eSocial, é um novo instrumento legal, que começou a ser implementado em janeiro de 2018, para empresas com faturamento anual maior do que R$ 78.000.000,00. As demais empresas privadas começam a implementá-lo em julho de 2018 e ambas se tornam obrigadas a apresentar suas informações de saúde e Segurança do Trabalho em janeiro de 2019. Ocorre que muitas empresas, quiçá a maioria delas, pode não estar preparada para apresentar estas informações.

A Wikipédia trás uma definição correta de "Big Data", muito objetiva e clara, que reproduzimos a seguir: *"Big Data é um termo amplamente utilizado na atualidade para nomear conjuntos de dados muito grandes ou complexos, que os aplicativos de processamento de dados tradicionais ainda não conseguem lidar. Os desafios desta área incluem: análise, captura, curadoria de dados, pesquisa, compartilhamento, armazenamento, transferência, visualização e informações sobre privacidade dos dados.* **Este termo muitas vezes se refere ao uso de análise preditiva e de alguns outros métodos avançados para extrair valor de dados***, e raramente a um determinado tamanho do conjunto de dados. Maior precisão nos dados pode levar à tomada de decisões com mais confiança. Além disso, melhores decisões podem significar maior eficiência operacional, redução de risco e redução de custos"*.

As informações que serão fornecidas ao eSocial constituem um grande banco de dados sobre as empresas e a evolução deste sistema pode levar, quem tem acesso a estas informações, a ter uma visão privilegiada de informações epidemiológicas das empresas, as quais muitas vezes poderão ser desconhecidas até mesmo por seus gestores. Por exemplo, as informações alimentadas nas planilhas do eSocial, podem ser utilizadas para se estabelecer um NTEP (Nexo Técnico Epidemiológico), que permite ao INSS presumir a natureza ocupacional para moléstias dos trabalhadores, conceder benefício de natureza acidentária (obrigando a empresa a continuar recolhendo FGTS), e mover ações regressivas contra a empresa no caso de invalidez parcial ou permanente (por exemplo, no caso de concessão de auxílio-doença, ou de aposentadoria por invalidez).

As informações que serão alimentadas no eSocial também podem respaldar a presunção de atividade insalubre e a concessão do respectivo benefício, ou a caracterização da atividade como sendo perigosa. Por isso, as informações devem ser criteriosamente analisadas e confirmadas, a fim de evitar o fornecimento de informações equivocadas que poderiam prejudicar ou o trabalhador ou a empresa.

Este novo tipo de ferramenta é inovador, mas pode vir a causar prejuízos para as empresas que não estiverem completamente adequadas às políticas de Saúde e Segurança do Trabalho, mantendo ou terceirizando serviços de alta qualidade e credibilidade para avaliação das reais condições do ambiente de trabalho e adoção das necessárias medidas de controle para deixá-lo adequado.

E se historicamente os empregadores não procuraram investir pesadamente nas questões de saúde e segurança do trabalho para seus contratados, agora a realização deste investimento pode estar se tornando uma questão de sobrevivência para a empresa. De fato, aqueles empregadores que não conseguirem ter um olhar estratégico quanto aos riscos que o eSocial representa para quem ainda não conta com serviços de excelência de Saúde e Segurança do Trabalho, poderão ser surpreendidos com fiscalizações direcionadas para problemas identificados previamente pela análise de dados dos leiautes de Saúde e Segurança do Trabalho, cujas informações cruzadas podem revelar dados sobre o ambiente de trabalho, que podem ser desconhecidos pelo empregador. No mesmo prumo, a análise das informações sobre afastamentos dos colaboradores e os CID's que os motivam pode estar identificando, antes do conhecimento do empregador, indícios epidemiológicos quanto à possibilidade de causação ocupacional destas doenças, além da elaboração do NTEP, sem necessidade da confirmação pela perícia médica do INSS.

Essas modificações certamente promoverão, a médio prazo, importantes melhorias nas questões de Saúde e Segurança do Trabalho nas empresas, mas aqueles que não se adequarem rapidamente a estas mudanças sofrerão grandes prejuízos financeiros, podendo representar até mesmo o declínio e fechamento de algumas destas empresas.

1. eSocial, Uma Breve Introdução

O eSocial integra o Sistema Público de Escrituração Digital (Sped), instituído pelo Decreto n. 6.022/2007. É um projeto do governo federal, criado pelo *Decreto n. 8.373, de 11 de dezembro de 2014*, portanto, ao final do 1º ano do 2º mandato de Dilma Rousseff como Presidente da República. Na ocasião afirmou-se que o objetivo seria desenvolver um **sistema de coleta de informações trabalhistas, previdenciárias e tributárias**, armazenando-as em um Ambiente Nacional Virtual, a fim de possibilitar aos órgãos participantes do projeto, na medida da pertinência temática de cada um, **a utilização de tais informações para fins trabalhistas, previdenciários, fiscais e para a apuração de tributos e da contribuição para o FGTS**.

O eSocial estabelece a forma com que passam a ser prestadas as informações trabalhistas, previdenciárias, tributárias e fiscais relativas à contratação e utilização de mão de obra onerosa, com ou sem vínculo empregatício, e de produção rural. O governo afirma que não se trata de uma nova obrigação tributária acessória, mas uma nova forma de cumprir obrigações trabalhistas, previdenciárias e tributárias já existentes. Com isso, ele não altera as legislações específicas de cada área, mas apenas cria uma forma única e mais simplificada de atendê-las.

Todo aquele que contratar um prestador de serviço, seja pessoa física ou jurídica, e que possua alguma obrigação trabalhista, previdenciária ou tributária, em função dessa relação jurídica, por força da legislação pertinente, está obrigado a enviar informações decorrentes desse fato por meio do eSocial. O obrigado poderá figurar nessa relação como empregador, nos termos definidos pelo art. 2º da CLT ou como contribuinte, conforme delineado pela Lei n. 5.172, de 1966 (Código Tributário Nacional — CTN), na qualidade de empresa, inclusive órgão público, ou de pessoa física equiparada a empresa, conforme prevê o art. 15 da Lei n. 8.212, de 1991.

Segue a íntegra do Decreto n. 8.373/2014[1]:

**Presidência da República
Casa Civil
Subchefia para Assuntos Jurídicos**

DECRETO N. 8.373, DE 11 DE DEZEMBRO DE 2014

Institui o Sistema de Escrituração Digital das Obrigações Fiscais, Previdenciárias e Trabalhistas — eSocial e dá outras providências.

A PRESIDENTA DA REPÚBLICA, no uso da atribuição que lhe confere o art. 84, *caput*, inciso IV, alínea "a", da Constituição,

DECRETA:

Art. 1º Fica instituído o Sistema de Escrituração Digital das Obrigações Fiscais, Previdenciárias e Trabalhistas — eSocial.

Art. 2º O eSocial é o instrumento de unificação da prestação das informações referentes à escrituração das obrigações fiscais, previdenciárias e trabalhistas e tem por finalidade padronizar sua transmissão, validação, armazenamento e distribuição, constituindo ambiente nacional composto por:

I — escrituração digital, contendo informações fiscais, previdenciárias e trabalhistas;

II — aplicação para preenchimento, geração, transmissão, recepção, validação e distribuição da escrituração; e

III — repositório nacional, contendo o armazenamento da escrituração.

§ 1º A prestação das informações ao eSocial substituirá, na forma disciplinada pelos órgãos ou entidades partícipes, a obrigação de entrega das mesmas informações em outros formulários e declarações a que estão sujeitos:

I — o empregador, inclusive o doméstico, a empresa e os que forem a eles equiparados em lei;

II — o segurado especial, inclusive em relação a trabalhadores que lhe prestem serviço;

III — as pessoas jurídicas de direito público da União, dos Estados, do Distrito Federal e dos Municípios; e

IV — as demais pessoas jurídicas e físicas que pagarem ou creditarem por si rendimentos sobre os quais tenha incidido retenção do Imposto sobre a Renda Retido na Fonte — IRRF, ainda que em um único mês do ano-calendário.

§ 2º A prestação de informação ao eSocial pelas microempresas e empresas de pequeno porte, conforme a Lei Complementar n. 123, de 15 de dezembro de 2006, e pelo Microempreendedor Individual — MEI será efetuada em sistema simplificado, compatível com as especificidades dessas empresas.

§ 3º As informações prestadas por meio do eSocial substituirão as constantes na Guia de Recolhimento do Fundo de Garantia por Tempo de Serviço e Informações à Previdência Social — GFIP, na forma disciplinada no Manual de Orientação do eSocial.

---

(1) Brasil, governo Federal: Decreto n. 8.373/2014, acessível em: <http://www.planalto.gov.br/ccivil_03/_ato2011-2014/2014/decreto/d8373.htm>.

§ 4º As informações prestadas pelos empregadores serão enviadas ao Fundo de Garantia do Tempo de Serviço — FGTS e armazenadas no repositório nacional.

§ 5º A escrituração digital de que trata o inciso I do *caput* é composta pelos registros de eventos tributários, previdenciários e trabalhistas, na forma disciplinada no Manual de Orientação do eSocial.

Art. 3º O eSocial rege-se pelos seguintes princípios:

I — viabilizar a garantia de direitos previdenciários e trabalhistas;

II — racionalizar e simplificar o cumprimento de obrigações;

III — eliminar a redundância nas informações prestadas pelas pessoas físicas e jurídicas;

IV — aprimorar a qualidade de informações das relações de trabalho, previdenciárias e tributárias; e

V — conferir tratamento diferenciado às microempresas e empresas de pequeno porte

Art. 4º Fica instituído o Comitê Diretivo do eSocial, composto pelos Secretários-Executivos dos seguintes órgãos:

I — Ministério da Fazenda;

II — Ministério da Previdência Social;

III — Ministério do Trabalho e Emprego; e

IV — Secretaria da Micro e Pequena Empresa da Presidência da República.

§ 1º Ao Comitê Diretivo, com coordenação exercida alternadamente por período de um ano, compete:

I — estabelecer o prazo máximo da substituição de que trata o § 1º do art. 2º.

II — estabelecer diretrizes gerais e formular as políticas referentes ao eSocial;

III — acompanhar e avaliar a implementação das diretrizes gerais e políticas do eSocial;

IV — propor o orçamento e acompanhar a execução das ações referentes ao eSocial e das integrações dele decorrentes;

V — propor ações e parcerias para comunicação, divulgação e aperfeiçoamento do eSocial entre os empregadores e empregados;

VI — propor ajustes nos processos de trabalhos dos órgãos, visando à melhoria da qualidade da informação e dos serviços prestados à sociedade; e

VII — decidir, em última instância administrativa, mediante representação do subcomitê temático específico e após oitiva do Comitê Gestor, sobre proposições não implementadas no âmbito de suas atribuições, discriminadas no § 1º do art. 6º.

§ 2º As deliberações do Comitê Diretivo serão tomadas por consenso e formalizadas por meio de resolução.

Art. 5º Fica instituído o Comitê Gestor do eSocial, formado por representantes dos seguintes órgãos:

I — Ministério do Trabalho e Emprego;

II — Ministério da Previdência Social;

III — Secretaria da Receita Federal do Brasil;

IV — Instituto Nacional do Seguro Social — INSS; e

V — Conselho Curador do FGTS, representado pela Caixa Econômica Federal, na qualidade de agente operador do FGTS.

§ 1º Compete ao Comitê Gestor:

I — estabelecer diretrizes para o funcionamento e a divulgação do ambiente nacional;

II — especificar, desenvolver, implantar e manter o ambiente nacional;

III — promover a integração com os demais módulos do sistema;

IV — auxiliar e regular o compartilhamento e a utilização das informações armazenadas no ambiente nacional do eSocial; e

V — aprovar o Manual de Orientação do eSocial e suas atualizações.

§ 2º A gestão do eSocial será exercida de forma compartilhada e as deliberações do Comitê Gestor serão adotadas por meio de resolução.

§ 3º Os órgãos e entidades partícipes do Comitê Gestor exercerão, alternadamente, as funções de Secretaria-Executiva pelo período de um ano, tendo como secretário-executivo o respectivo representante no Comitê.

Art. 6º O Comitê Gestor será assessorado pelo Subcomitê Temático do Módulo Micro e Pequena Empresa e Microempreendedor Individual — MEI, formado por representantes dos órgãos referidos no *caput* do art. 6º e por representante da Secretaria da Micro e Pequena Empresa da Presidência da República.

§ 1º Ao Subcomitê Temático de que trata o *caput* compete formular proposta de simplificação, formalização, inovação, melhorias da especificação, arquitetura do sistema e de processos de trabalho que envolvam MEI, microempresas, empresas de pequeno porte e outros beneficiários enquadrados no Estatuto da Microempresa e Empresa de Pequeno Porte, disciplinado pela Lei Complementar n. 123, de 15 de dezembro de 2006.

§ 2º As deliberações do subcomitê serão tomadas por consenso, registradas em ata e encaminhadas ao Comitê Gestor.

§ 3º O Comitê Gestor se pronunciará, de forma motivada, sobre as propostas encaminhadas pelo subcomitê na forma prevista no § 2º do art. 6º.

§ 4º As propostas elaboradas pelo subcomitê que não forem aceitas pelo Comitê Gestor poderão ser analisadas pelo Comitê Diretivo, mediante representação, para decisão final acerca de sua implantação.

§ 5º Em caso de divergências no subcomitê temático, a iniciativa apenas poderá ser implementada pelo Comitê Gestor após decisão do Conselho Diretivo.

§ 6º O Comitê Gestor poderá constituir outros subcomitês para desenvolver as ações necessárias à implementação, à operacionalização, ao controle e ao aprimoramento do eSocial.

Art. 7º A participação nas atividades dos Comitês Diretivo e Gestor será considerada função relevante, não remunerada.

Art. 8º A Caixa Econômica Federal, na qualidade de agente operador do FGTS, o Instituto Nacional do Seguro Social, a Secretaria da Receita Federal do Brasil, o Ministério da Previdência Social e o Ministério do Trabalho e Emprego regulamentarão, no âmbito de suas competências, sobre o disposto neste Decreto.

§ 1º O eSocial não implica, em qualquer hipótese, transferência de atribuições e competências entre os órgãos ou entidades partícipes, nem transferência ou compartilhamento de propriedade intelectual de produtos não abrangidos por esse sistema.

§ 2º Os integrantes do Comitê Gestor terão acesso compartilhado às informações que integram o ambiente nacional do eSocial e farão uso delas no limite de suas respectivas competências e atribuições, não podendo transferi-las a terceiros ou divulgá-las, salvo previsão legal.

§ 3º As informações de natureza tributária e do FGTS observarão as regras de sigilo fiscal e bancário, respectivamente.

Art. 9º Este Decreto entra em vigor na data de sua publicação.

Brasília, 11 de dezembro de 2014; 193º da Independência e 126º da República.

DILMA ROUSSEFF

Guido Mantega

Manoel Dias

Garibaldi Alves Filho

Guilherme Afif Domingos

Obrigatório no país a partir de janeiro de 2018, o eSocial será a nova forma de prestação de informações trabalhistas e previdenciárias que entrará em vigor no Brasil e integrará a rotina de mais de 18 milhões de empregadores e 44 milhões de trabalhadores. O eSocial é um **projeto conjunto do governo federal que integra o Ministério do Trabalho, a Caixa Econômica Federal, a Secretaria de Previdência, o INSS e a Receita Federal**. Segundo seus idealizadores, esta iniciativa permitirá que todas as empresas brasileiras possam realizar o cumprimento de suas obrigações fiscais, trabalhistas e previdenciárias **de forma unificada e organizada**, reduzindo custos, processos e tempo gastos hoje pelas empresas com essas ações. Eles entendem que, na prática, o eSocial instituirá uma forma mais simples, barata e eficiente para que as empresas possam cumprir suas obrigações com o poder público e com seus próprios funcionários. Quando totalmente implementado, o eSocial representará a substituição de 15 prestações de informações ao governo — como GFIP, RAIS, CAGED e DIRF — por apenas uma.

O Comitê Gestor do eSocial anunciou, em 29.11.2017, o cronograma de implantação do programa, que **será implementado em cinco fases a partir do primeiro semestre de 2018**. Neste primeiro momento, a medida é voltada para empresas com faturamento superior a R$ 78 milhões anuais, que passam a ter a utilização obrigatória do programa a partir de 8 de janeiro de 2018. Esse grupo representa 13.707 mil empresas e cerca de 15 milhões de trabalhadores, o que representa aproximadamente 1/3 do total de trabalhadores do país.

A implantação em cinco fases também será adotada para as demais empresas privadas do país, incluindo micro e pequenas empresas e MEIs que possuam empregados, cuja utilização obrigatória está prevista para 16 de julho de 2018. Já para os órgãos públicos, o eSocial torna-se obrigatório a partir de 14 de janeiro de 2019. Quando totalmente implementado, o eSocial reunirá informações de mais de 44 milhões de trabalhadores do setor público e privado do país em um único sistema.

CRONOGRAMA DE IMPLANTAÇÃO DO eSOCIAL:

ETAPA 1 — EMPRESAS COM FATURAMENTO ANUAL SUPERIOR A R$ 78 MILHÕES

Fase 1: Janeiro/18 — Apenas informações relativas às empresas, ou seja, cadastros do empregador e tabelas

Fase 2: Março/18: Nesta fase, empresas passam a ser obrigadas a enviar informações relativas aos trabalhadores e seus vínculos com as empresas (eventos não periódicos), como admissões, afastamentos e desligamentos

Fase 3: Maio/18: Torna-se obrigatório o envio das folhas de pagamento

Fase 4: Julho/18: Substituição da GFIP (Guia de Informações à Previdência Social) e compensação cruzada

Fase 5: **Janeiro/19: Na última fase, deverão ser enviados os dados de segurança e saúde do trabalhador**

ETAPA 2 — DEMAIS EMPRESAS PRIVADAS, INCLUINDO SIMPLES, MEIS

E PESSOAS FÍSICAS (QUE POSSUAM EMPREGADOS)

Fase 1: Julho/18 — Apenas informações relativas às empresas, ou seja, cadastros do empregador e tabelas

Fase 2: Set/18: Nesta fase, empresas passam a ser obrigadas a enviar informações relativas aos trabalhadores e seus vínculos com as empresas (eventos não periódicos), como admissões, afastamentos e desligamentos

Fase 3 : Nov/18: Torna-se obrigatório o envio das folhas de pagamento

Fase 4: Janeiro/19: Substituição da GFIP (Guia de informações à Previdência Social) e compensação cruzada

Fase 5: Janeiro/19: Na última fase, deverão ser enviados os dados de segurança e saúde do trabalhador

ETAPA 3 — ENTES PÚBLICOS

Fase 1: Janeiro/19 — Apenas informações relativas aos órgãos, ou seja, cadastros dos empregadores e tabelas

Fase 2: Março/19: Nesta fase, Entes Públicos passam a ser obrigados a enviar informações relativas aos servidores e seus vínculos com os órgãos (eventos não periódicos) Ex: admissões, afastamentos e desligamentos

Fase 3: Maio/19: Torna-se obrigatório o envio das folhas de pagamento

Fase 4: Julho/19: Substituição da GFIP (Guia de Informações à Previdência) e compensação cruzada

Fase 5: Julho/19: Na última fase, deverão ser enviados os dados de segurança e saúde do trabalhador

2. Prestação de Informações no eSocial

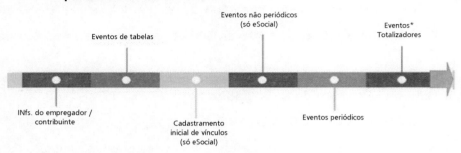

fonte: Transmissão de arquivos — sequência lógica, in: "Manual de Orientaão do eSocial", Versão 2.4.1, dezembro de 2017. Acessível em: portal.esocial.gov.br/manuais/mos.manual.de.orientacao.do.esocial.vs.2.4.1

As informações são prestadas ao eSocial por meio dos seguintes grupos de eventos:

- **Tabelas;**
- **não periódicos e;**
- **periódicos.**

Cada evento possui um leiaute específico. Estes leiautes podem ser encontrados no *site* do eSocial. Os leiautes fazem referência às regras de negócio. Estas podem ser encontradas no documento Regras de Validação, Anexo II do leiaute, disponibilizado neste *site*. Esta tabela apresenta as regras de preenchimento dos eventos devendo ser consultada quando da ocorrência de inconsistências ou rejeições no processamento de eventos pelo eSocial.

A sequência de eventos a ser relatada já foi arbitrada, da seguinte maneira:

A. Eventos de tabelas, validades de informações do empregador e tabelas do empregador

É o primeiro grupo de eventos a ser transmitido ao Ambiente Nacional do eSocial. São eventos que **identificam o empregador/contribuinte/órgão público**. Contém os dados básicos de sua classificação fiscal, e de sua estrutura administrativa.

Estes eventos complementam a estrutura da base de dados, sendo responsáveis por uma série de informações que validam os eventos não periódicos e periódicos, e buscam otimização na geração dos arquivos e no armazenamento das informações no Ambiente Nacional do eSocial, por serem utilizadas em mais de um evento do sistema ou por se repetirem em diversas partes do leiaute.

Considerando que grande parte dos eventos utiliza as informações constantes nas tabelas do empregador, que representam um conjunto de regras específicas necessárias para a validação dos eventos do eSocial, é obrigatório transmiti-las logo após o envio do evento de Informações do Empregador/ Contribuinte/ órgão público, e **antes dos eventos periódicos e não periódicos**.

A perfeita manutenção dessas tabelas é fundamental para a recepção dos eventos periódicos e não periódicos e à adequada apuração das bases de cálculo e dos valores devidos.

A administração do **período de validade das informações** é muito importante pois **impacta diretamente os demais eventos que as utilizam**, portanto deve ser observado o seu período de vigência.

Quando da primeira informação dos itens que compõem uma tabela, deve ser preenchido obrigatoriamente o campo "data de início da validade **{iniValid}**". Caso haja necessidade de alterar informação específica de uma tabela enviada anteriormente poderá fazê-lo enviando-se novo evento da tabela, com o item que deve ser alterado, informando a nova data de validade. Neste caso, a data de fim de validade da informação prestada anteriormente passa a ser o mês/ano imediatamente anterior ao da data de início da nova informação.

Não é necessário o envio de evento específico para informar a data de fim de validade do item enviado anteriormente, no entanto o seu envio terá o mesmo efeito do procedimento anterior.

As informações constantes do Evento de Tabelas são mantidas no eSocial de forma histórica, **não sendo permitidas informações conflitantes para um mesmo item dentro da mesma Tabela e período de validade**. Esta transmissão deve ser efetuada, preferencialmente, assim que ocorrer a alteração da informação armazenada naquela tabela, evitando-se inconsistências entre este e os eventos de folha de pagamento.

Portanto, o campo data fim da validade não deve ser utilizado quando se tratar de alteração da informação. A informação da data final deve ser enviada apenas no momento em que se pretende encerrar de forma definitiva determinada informação do evento. Por exemplo, encerramento de empresa, fechamento de filial, encerramento de obra de construção civil, desativação de rubrica, de lotação tributária, cargo etc.

No caso de encerramento de empresa, é necessário antes encerrar todas as suas tabelas (S- 1005 a S-1080) e, na sequência, enviar o evento "S-1000 — Informações do empregador/contribuinte/órgão público", com o grupo de informações relativas à alteração, com a data do fim de validade, do subgrupo nova validade, preenchida.

B. EVENTOS NÃO PERIÓDICOS

São aqueles que **não têm uma data pré-fixada para ocorrer**, pois dependem de acontecimentos na relação entre o empregador/órgão público e o trabalhador que influenciam no reconhecimento de direitos e no cumprimento de deveres trabalhistas, previdenciários e fiscais como, por exemplo, a **admissão/ingresso de um empregado/servidor, a alteração de salário, a exposição do trabalhador a agentes nocivos e o desligamento, dentre outros**.

Inclui-se neste grupo o cadastramento inicial dos vínculos dos empregados ativos, servidores ativos, mesmo que afastados, dos militares e dos beneficiários dos Regimes Próprios de Previdência Social — RPPS, que deverá ser transmitido antes da data de início da obrigatoriedade do eSocial para aquele empregador/órgão público.

Tais informações serão enviadas no evento S-2200 após o envio do grupo de eventos de Tabelas. O cadastramento inicial será enviado pelo empregador/órgão público no início da implantação do eSocial, com todos os vínculos ativos, com seus dados cadastrais atualizados, e servirão de base para construção do "Registro de Eventos Trabalhistas — RET", o qual será utilizado para validação dos eventos de folha de pagamento e demais eventos enviados posteriormente.

C. EVENTOS PERIÓDICOS

São **aqueles cuja ocorrência tem periodicidade previamente definida**, compostos por informações de folha de pagamento, de apuração de outros fatos geradores de contribuições previdenciárias como, por exemplo, os incidentes sobre pagamentos efetuados às pessoas físicas quando da aquisição da sua produção rural, e do imposto sobre a renda retido na fonte sobre pagamentos realizados a pessoa física.

O eSocial recepciona e registra os fatos geradores relativos aos eventos periódicos "S-1200 — Remuneração do Trabalhador" ou "S-1202 — Remuneração de servidor vinculado a Regime Próprio de Previdência Social — RPPS" utilizando-se do regime de competência, enquanto que o evento periódico "S-1210 — Pagamentos de Rendimentos do Trabalho" se submete ao regime de Caixa.

PRAZO DE ENVIO DAS INFORMAÇÕES

1. PARA OS EVENTOS NÃO PERIÓDICOS

Como regra geral, a definição dos prazos de envio dos eventos não periódicos **respeita as regras que asseguram os direitos dos trabalhadores**, como no caso da admissão e do acidente de trabalho, ou possibilitam recolhimentos de encargos que tenham prazos diferenciados, como na situação do desligamento.

Como esses fatos/eventos passam a ter prazo específico para sua transmissão ao eSocial, vinculados a sua efetiva ocorrência, **o manual de preenchimento do eSocial apresenta em cada descrição dos eventos não periódicos seu respectivo prazo de envio**.

Os eventos não periódicos sem prazo diferenciado devem ser enviados, quando ocorrerem, antes dos eventos mensais da folha de pagamento, com o objetivo de se evitar inconsistências entre a folha de pagamento e os eventos de tabelas e os não periódicos.

Segundo a orientação governamental, o melhor momento para se transmitir os eventos não periódicos e os de tabela seria imediatamente após a sua ocorrência, visando impedir possíveis inconsistências, e evitar tanto o represamento desnecessário de eventos a serem transmitidos quanto o congestionamento de redes pela transmissão de última hora. Por outro lado, **recomendamos que o repasse das informações seja feito com celeridade, respeitando os prazos estabelecidos, mas sem afobação, para evitar o envio de informações equivocadas por causa da precipitação de seu encaminhamento. Afinal, o envio das informações corretas é benéfico tanto para as empresas, quanto para a coletividade dos trabalhadores**.

1.1. Quanto aos benefícios previdenciários:

O evento "S-2400 — Cadastramento de Benefícios Previdenciários — RPPS" será enviado pelo Órgão Público que tenha beneficiários vinculados ao Regime Próprio de Previdência Social — RPPS ou que seja responsável pelo pagamento de complementação de benefícios previdenciários.

1.2. Quanto ao registro de eventos trabalhistas:

As informações dos eventos não periódicos alimentam a base de dados no Ambiente Nacional do eSocial, denominada "Registro de Eventos Trabalhistas — RET". Todos os arquivos de eventos não periódicos, ao serem transmitidos ao eSocial, são submetidos às regras de validação e somente são aceitos se estiverem consistentes com o RET.

Exemplo 1: o evento de desligamento de empregado somente é aceito se, para aquele empregado/servidor, tiver sido enviado anteriormente, o evento de admissão/ingresso.

Exemplo 2: um evento de reintegração somente é aceito se o empregado/servidor já estiver desligado.

O RET também será utilizado para validação da folha de pagamento, composta pelos eventos de remuneração e pagamento dos trabalhadores, que fazem parte dos eventos periódicos. Além dos empregados/servidores, também alimentarão o RET os dados referentes aos trabalhadores sem vínculo empregatício/estatutário pelo envio do evento Trabalhador Sem Vínculo de Emprego/Estatutário — Início — TSVE.

Os TSVE **incluem obrigatoriamente os trabalhadores avulsos, os dirigentes sindicais, os estagiários, os servidores cedidos em relação ao órgão público cessionário e algumas categorias de contribuintes individuais, como diretores não empregados e cooperados**. Porém, todos os contribuintes individuais, mesmo os não abrangidos pelas atividades específicas obrigatórias supracitadas, podem ser incluídos como TSVE, de forma opcional.

O fechamento dos eventos periódicos somente é aceito se for informada a remuneração de todos os empregados/servidores relacionados no RET como ativos, com exceção dos trabalhadores que estejam afastados sem remuneração devida. Já para os trabalhadores cadastrados por meio do evento "S-2300 — Trabalhador Sem Vínculo de Emprego/Estatutário — Início", não é aplicada tal regra.

Para fins de validação na base do RET **será considerado apenas o trabalhador ativo no respectivo período de apuração**. Considera-se ativo o empregado/servidor não desligado e o trabalhador sem vínculo antes do término da prestação de serviço ou cessão. Nos casos de quarentena, conforme definido em lei, considera-se ativo até a data de término da quarentena.

2. PARA OS EVENTOS PERIÓDICOS

Os eventos periódicos devem ser transmitidos até o dia 07 do mês seguinte, antecipando-se o vencimento para o dia útil imediatamente anterior, em caso de não haver expediente bancário.

Considerando as consequências tributárias dos eventos periódicos, com sua respectiva vinculação ao "período de apuração" do tributo devido, entende-se que **um conjunto de eventos periódicos referentes ao mesmo período de apuração corresponde a um "movimento"**.

O movimento relativo à Folha de Pagamento presume-se aberto com o envio do primeiro evento "S-1200 — Remuneração do Trabalhador vinculado ao Regime Geral de Previdência Social" ou "S — 1202 Remuneração do Servidor vinculado a Regime Próprio de Previdência Social — RPPS". Da mesma forma presumem-se abertos, com o primeiro envio, os eventos S-1210 a S-1280. O evento S-1299 é o Fechamento dos Eventos Periódicos — utilizado para informar ao ambiente do eSocial o encerramento da transmissão dos eventos periódicos daquele movimento, em determinado período de apuração.

O evento S-1295 é um evento de contingência destinado a solicitar a totalização das Contribuições Sociais e do Imposto de Renda, com base nas informações já transmitidas para o ambiente nacional, quando houver insucesso no fechamento dos eventos periódicos pela não satisfação da REGRA_VALIDA_ FECHAMENTO_ FOPAG.

A aceitação do evento de fechamento pelo eSocial, após processadas as devidas validações, conclui a totalização das bases de cálculo contempladas naquele movimento, possibilita a constituição dos créditos e os recolhimentos de contribuições previdenciárias.

O eSocial não irá apurar as contribuições previdenciárias devidas ao RPPS para fins de constituição de crédito e geração de guias de recolhimento.

No caso do FGTS, a geração da guia de recolhimento se dá com o envio do evento de fechamento dos eventos periódicos. Nos casos de exceção, o empregador pode solicitar à CAIXA, por meio de *web service* ou a partir de serviço *online*, a guia de recolhimento mesmo sem o envio do evento de fechamento.

Caso seja necessário o envio de retificações ou novos eventos referentes a um movimento já encerrado, o mesmo deverá ser reaberto com o envio do evento "S-1298 — Reabertura dos Eventos Periódicos". Efetivada uma reabertura para o movimento, torna-se necessário um novo envio do evento fechamento.

Uma exceção dentre os eventos periódicos é o "S-1300 — Contribuição Sindical Patronal", pois esse evento, embora seja periódico, não faz parte do grupo de eventos sujeitos ao fechamento.

O evento de fechamento tem como objetivo sinalizar que as informações que afetam o cálculo de débitos tributários foram todas transmitidas. O evento S-1300 tem como objetivo apenas prestar informações periódicas da contribuição sindical devida, porém sem a apuração para recolhimento nem geração de guias de recolhimento. É informativo, para atender ao Ministério do Trabalho — MTb.

3. Uma Mudança Histórica, Potencialmente Benéfica Para a Saúde e Segurança do Trabalhador, Mas Que Requer Cuidados Pelo Empregador

A ideia do eSocial é muito boa pela ótica da saúde e Segurança do Trabalho. A unificação das fontes de informação possibilita a análise conjunta das informações. A maneira como está estruturado vai implicar na criação de um grande conjunto de dados armazenados na forma de banco de dados, um verdadeiro "Big Data", cuja análise pelos órgãos de fiscalização tem o potencial de permitir que descubram informações sobre os empregadores, as quais podem ser desconhecidas até mesmo por seus gestores, a exemplo do que se deu com a Receita Federal quando implementou o SPED.

Quadro — Situação do fisco antes e depois do SPED

Antes	Depois
Conferência manual	Auditoria eletrônica
Auditoria do passado	Visão do presente e projeção do futuro
Atitude repressiva	Atitude preventiva
Isolamento (esferas não se falavam)	Integração
Por amostragem	Todas as operações
Fiscalização pessoalmente (*in loco*)	Fiscalização a distância (*online*)
Provas em papel	Provas eletrônicas

Fonte: Vellucci, RG: "Os desafios da implantação do eSocial e seus reflexos nas rotinas das organizações". Sistema de Publicação Eletrônica de Teses e Dissertações da Universidade Metodista de São Paulo. Consultado em dezembro/2017. Acessível em: http://tede.metedista.br/jspui/handle/tese/1639

O aperfeiçoamento da análise dos dados do eSocial, que deve vir naturalmente com o tempo, pode levar o Ministério do Trabalho, em um futuro não muito distante, a identificar, por exemplo, se os casos de afastamento por tendinite em uma determinada empresa são ou não provenientes de um mesmo setor, ou ainda se houve muitos afastamentos por um mesmo tipo de doença infecciosa em um mesmo período, dentro de uma mesma empresa, e comparar com as demais empresas de um determinado grupo de atividade ou de uma mesma região geográfica, o que é uma informação extremamente valiosa tanto do ponto de vista epidemiológico quanto da saúde ocupacional.

Outro tipo de associação possível com a análise conjuntural das informações de Saúde e Segurança do Trabalho seria identificar casos de intoxicação por produtos químicos ocorrendo em uma determinada empresa, e cruzar as informações com os riscos químicos existentes no ambiente de trabalho.

O potencial acadêmico da análise destas informações é incomensurável. Contudo, há de se tomar o devido cuidado de considerar a possível ocorrência de vieses de erro. Viés pode ser definido como "qualquer tendência, distorção, preconceito ou enviesamento na colheita, registro, análise, interpretação, publicação ou utilização de dados, que possa levar a conclusões sistematicamente diferentes da verdade".[2]

Os vieses de erro de interpretação de um grande conjunto de informações, admitem várias origens, mas o que entendemos como sendo de maior risco, em estudos com uma base de dados como o eSocial, diz respeito à qualidade da informação. Infelizmente, não se pode presumir que a qualidade das informações referentes à saúde e segurança do trabalho que os empregadores possuem seja de grande qualidade e confiabilidade. E a análise de informações erradas pode conduzir — e geralmente conduz — a conclusões equivocadas.

E as conclusões equivocadas podem afetar tanto o trabalhador, quando deixar de caracterizar uma situação insalubre ou perigosa, ou ainda uma doença ocupacional; quanto prejudicar o empregador, no caso de se concluir equivocadamente pela ocorrência de atividade insalubre ou perigosa, ou ainda pela natureza ocupacional de uma doença que não seja. Interessa, portanto, tanto ao trabalhador e as entidades que os representam, quanto aos empregadores e suas entidades representativas, investir e fiscalizar a qualidade das informações.

E a deficiência de qualidade das informações pode se localizar tanto nas produzidas pelo Serviço Especializado em Segurança e Medicina do Trabalho (SESMT), pelas empresas que terceirizam as atividades de Saúde e Segurança do Trabalho para o empregador, bem como nos atestados médicos com diagnósticos imprecisos fornecidos tanto pelos serviços públicos, quanto convênio e particulares.

Em relação aos empregadores, a quem cabe a responsabilidade pelo preenchimento do eSocial, é preciso extrema cautela com o preenchimento das informações pertinentes à Saúde e Segurança do Trabalho, porque embora não devesse ocorrer, é comum que documentos emitidos pelo empregador sejam interpretados como confissão de irregularidade, a exemplo do que costuma se observar em relação à CAT, que deve ser preenchida em casos de suspeita de acidente ou doença ocupacional, mas que muitas vezes é apontada como sendo um reconhecimento pelo empregador incontestável quanto à ocorrência de um acidente do trabalho ou da natureza ocupacional de uma moléstia. Por que imaginar que o mesmo não poderia ocorrer com o eSocial?

E o tempo urge, para dar tempo de o empregador se organizar a fim de possuir as informações necessárias para o correto preenchimento das tabelas e leiautes

---

(2) Botelho, F; SILVA, C; CRUZ, F. *Epidemiologia explicada*: viéses. Portugal: Acta Urologica, setembro de 2010 — 3: 47–52

relativos à saúde e segurança do trabalho, eis que **o preenchimento equivocado tem o potencial de causar prejuízos financeiros bastante relevantes, bem como a responsabilização civil e/ou criminal do empregador e seus gestores**.

Embora seja prevista a possibilidade de alterações e retificações nas informações do eSocial, o empregador que já tentou retificar uma CAT emitida equivocadamente, ou um LTCAT que registrava uma situação insalubre que na realidade foi avaliada equivocadamente, sabe as dificuldades que isto acarreta e as possibilidades de insucesso quando o documento com a informação equivocada é apresentado como indício de irregularidade.

E de fato, os manuais apresentados no portal do eSocial parecem não ter considerado a possibilidade, mas as informações referentes à saúde e segurança do trabalho possuem o potencial de serem utilizadas, de maneira distorcida, para presumir judicialmente a existência de atividade insalubre (implicando na possibilidade de ações regressivas referentes a prejuízos da previdência com aposentadorias especiais), ou de dano moral por exposição a trabalho insalubre ou ergonomicamente inadequado; ou ainda quanto à existência de nexo causal presumido entre eventuais doenças que acometam o trabalhador e suas atividades laborais.

Embora entendamos que as avaliações decorrentes de ações judiciais devessem obrigatoriamente ser objeto de perícia, na prática o juiz é autônomo para formar sua convicção a partir dos elementos de prova que entender mais adequados e, por vezes, quando a perícia aponta resultados divergentes dos constantes em documentos produzidos pelo empregador, suas conclusões são desconsideradas.

Também não é incomum que a concessão de benefícios de natureza acidentária por parte do INSS, geralmente graças ao emprego do NTEP, sem a realização da necessária avaliação do local do trabalho e da organização do processo de trabalho para estudo de nexo, seja, por alguns, considerado elemento suficiente para presumir a natureza ocupacional de uma doença; justificar a tutela antecipada para reintegrar um colaborador; ou mesmo para responsabilizar civilmente o empregador pelo seu adoecimento e a suposta perda da capacidade laboral associada ao mesmo. E a partir da implantação do eSocial, a aplicação do NTEP poderá (e provavelmente deverá) ser automática, sem a necessidade de avaliação pela perícia médica previdenciária, que comumente descarta presunções de causalidade ocupacionais, muitas vezes incoerentes, apontadas por esta metodologia epidemiologicamente questionável.

Um dos elementos mais perturbadores tanto para quem é empregado quanto para quem emprega no Brasil, na atualidade, é a falta de parâmetros claros sobre em que situação se estabelece uma vinculação causal entre o trabalho e as doenças de um trabalhador, sendo que juízes diferentes podem possuir entendimentos díspares sobre um mesmo caso, tanto em uma mesma instância quanto entre diferentes instâncias. É, ao que parece, uma verdadeira loteria. Ao abordar o tema Nexo Causal no acidente de trabalho, e mais especificamente o enfoque acidentário e da responsabilidade civil, Sebastião Geraldo de Oliveira observou que a análise do nexo causal no âmbito da responsabilidade civil deve ser feita com alguns ajustes ou adaptações em relação aos princípios que norteiam o seguro social do ambiente de trabalho, porque estes seriam mais abrangentes do que aqueles que norteiam as reparações dos prejuízos no enfoque do direito privado. Da mesma forma que a análise do nexo causal no direito penal é feita com adaptações quando o fato é analisado sob a ótica do direito civil.[3]

O mesmo autor citado anteriormente esclarece que a lei teria concedido uma amplitude maior ao nexo causal para efeitos do seguro acidentário, incluindo situações não relacionadas diretamente com o trabalho, como acidentes ocorridos por motivo de força maior, caso fortuito, e mesmo para os provocados pela própria vítima ou por fato de terceiros. Assim sendo, algumas das hipóteses cobertas pelo seguro acidentário seriam entendidas como excludentes da causalidade no âmbito da responsabilidade civil.[4]

Por outro lado, o entendimento de Oliveira não é unanimidade nos tribunais e existem magistrados cujas conclusões são em sentido contrário, e aplicam os mesmos parâmetros utilizados para a presunção de doença de natureza ocupacional para fins de concessão de benefícios (NTEP), para caracterização de relação de causalidade em relação à responsabilização civil do empregador. Ocorre que, na Justiça do Trabalho, onde vigora o princípio da proteção ao trabalhador, a dúvida, em tese, sempre beneficiará este, o que torna essencial que a empresa não apenas cumpra rigorosamente as normas de Saúde e Segurança do Trabalho, como vá além disso.

Especificamente em relação ao preenchimento das informações relativas ao ambiente de trabalho do eSocial, a cautela com o correto preenchimento é igualmente necessária. Quem acompanha o dia a dia das empresas já notou que é cada vez mais comum o INSS acionar as empresas, por meio de ações regressivas, buscando ser indenizado por aposentadorias ou pensionamentos precoces em razão de ambiente de trabalho considerado insalubre ou frutos de acidente de trabalho ou doenças ocupacionais. Frequentemente, ao acompanhar estas perícias nos deparamos com falta de documentação adequada para comprovar que os riscos ambientais eram controlados com o fornecimento de EPI's adequados, ou utilização de EPC's eficientes, para neutralizar os agentes de risco; falta de comprovação de treinamentos de segurança do trabalho; avaliações de acidentes

---

(3) OLIVEIRA, S. G. *Indenizações por acidentes de trabalho ou doença ocupacional*. 5. ed. São Paulo: LTr, 2009.
(4) OLIVEIRA, S. G. *Indenizações por acidentes de trabalho ou doença ocupacional*. 5. ed. São Paulo: LTr, 2009.

mal feitas e/ou com conclusões incoerentes etc... Situações estas que levam à condenação dos empregadores, mesmo quando tiveram assessoria ou mesmo serviços de segurança do trabalho.

Pelo que presenciamos nas últimas décadas, temos a impressão de que não foram poucos os empregadores que optaram por adotar uma política de saúde e segurança do trabalho pouco rigorosa. Abstraímos empiricamente que, desconhecedores do assunto e de suas potenciais implicações, entenderam equivocadamente que se tratava apenas de burocracia, que poderia ser resolvida mediante improvisações ("gambiarras"), ou do "jeitinho brasileiro". E se isto pode ter parecido verdadeiro nas décadas de 1970 e 1980, quando a fiscalização referente às Normas de Saúde e Segurança do Trabalho era mais rara e muito pouco efetiva, este panorama começou a se modificar em meados dos anos 1990 e se intensificou a partir do início do século XXI.

Acreditamos que a ampliação da fiscalização relacionada às Normas de Saúde e Segurança do Trabalho ocorreu mais pelo aumento das perícias determinadas pela Justiça do Trabalho, em particular depois da Emenda Constitucional n. 45/2004, do que pela atuação do MPT, das DRT's. Principalmente desde a ampliação da área de atuação e da quantidade de Varas do Trabalho, que percebemos que este tipo de situação (erros das avaliações e de gestão de Saúde e Segurança do Trabalho) tornou-se mais frequentemente evidenciada e, em não raras oportunidades, os empregadores sofrem prejuízos inesperados e, por vezes, se deparam com a existência de passivos potenciais de grande valor, com risco até de causar sua falência.

Em nossa percepção, em especial referente às pequenas e médias empresas familiares, muito provavelmente graças à falta de fiscalização efetiva entre o lançamento das Primeiras Normas Regulamentadoras (em 1977) e o final do Século XX, pode ter sido bastante comum o entendimento de que a realização de avaliações ambientais e médicas superficiais (e por conseguinte muito mais baratas), eram suficientes para cumprir o que determinavam as normas e apresentar para as infrequentes fiscalizações. O aumento exponencial de fiscalizações em decorrência das perícias determinadas na Justiça do Trabalho começou a alertar para o fato de que o suposto entendimento anterior fosse equivocado, e causar vultosas despesas não previamente planejadas (indenizações, multas, pagamentos de adicionais que não eram pagos anteriormente...). É possível, e até mesmo provável, que esta situação seja incrementada quando o eSocial estiver efetivamente implementado.

A partir da análise de dados do eSocial (que pode ser feita por programas de computador), o Ministério do Trabalho (por exemplo), poderia identificar remotamente situações de atividade potencialmente insalubre, perigosa, assim como empresas com índices relevantes de afastamento por um determinado tipo de doença, ou mesmo estabelecer o NTEP a partir do cruzamento do CID de afastamento do funcionário com o CNAE da empresa, e direcionar a fiscalização para os empregadores que selecionar. Isto aumentaria exponencialmente a capacidade de identificação de irregularidades, semelhante ao que ocorreu em São Paulo com a implantação dos novos radares inteligentes, que apontam à polícia rodoviária os veículos com documentação irregular.

Não dá mais para adiar o que há muito já deveria ter sido feito. É essencial ao empregador dispor de serviços de excelência em Saúde e Segurança do Trabalho.

> **Desde de que foi publicada a Lei n. 6.514, de dezembro de 1977, estabelecendo as Normas de Saúde e Segurança do Trabalho (que já foram alteradas dezenas ou centenas de vezes desde sua criação), nunca foi tão importante para o empregador investir em serviços de Saúde e Segurança do Trabalho e em avaliações ambientais e programas preventivos como, por exemplo, o Programa de Prevenção de Riscos Ambientais (PPRA), Programa de Controle Médico de Saúde Ocupacional (PCMSO); Laudo Técnico de Condições do Ambiente de Trabalho(LTCAT), entre outros. Isto porque são os resultados destas avaliações e programas que consubstanciarão as informações referentes à Saúde e Segurança do Trabalho no eSocial. Esses documentos, portanto, passam a necessariamente exigir alta qualidade e confiabilidade em sua elaboração e gestão, uma vez que se avaliações consistentes não forem realizadas e as medidas corretivas implementadas, torna-se extremamente alto e iminente o risco de causar vultosos prejuízos, em geral evitáveis, aos empregadores omissos.**

Agora, com a implementação do eSocial, a facilidade de fiscalização por meio dos agentes públicos aumenta exponencialmente e, por isso mesmo, é importante ter certeza das informações que estarão alimentando o eSocial, e clareza quanto ao seu significado. Isto tanto para que o empregador tome as medidas adequadas para controlar os riscos de suas atividades e proteger a saúde e incolumidade física dos trabalhadores, quanto para que a empresa não seja responsabilizada indevidamente.

Importante salientar que empresas que se dispõem a realizar avaliações superficiais e não detalhadas das condições ambientais, seja para reduzir seu custo e se tornar mais competitivas num mercado que tem se caracterizado cada vez mais pelo baixo custo em detrimento da alta qualidade, são, via de regra, aquelas que não esclarecem ao empregador quais os reais riscos existentes e suas implicações.

E, no mesmo sentido, não é infrequente que gestores que tomam conhecimento de situações irregulares em decorrência de fiscalização ou perícias judiciais tomem espontaneamente as medidas para saneá-las, afirmando que teriam feito antes se tivessem conhecimento. Tal fato reforça a impressão de que muitos gestores não possuem o conhecimento da importância de dispor de avaliações e programas bem estruturados de Saúde e Segurança do Trabalho e, presumindo uma importância menor do que a real, delegam ao seu setor de compras a contratação da prestação de serviços que vêm a ser escolhidos em função de indicações não muito bem selecionadas, como, por exemplo, amizade com o comprador ou menor preço entre as propostas avaliadas. Insistimos que este tipo de conduta é equivocado e que agora, com a implantação do NTEP, aumentou exponencialmente o risco de promover prejuízos e despesas potencialmente elevadas, não planejadas pelo empregador.

Mais do que os outros temas considerados na elaboração do eSocial, o que pode causar maiores prejuízos ao empregador, no caso de preenchimento incorreto, são possivelmente as informações atinentes à Saúde e à Segurança do Trabalho, eis que são as que possuem maior probabilidade de vincularem-se a eventuais indenizações por responsabilidade civil do empregador, incluindo danos morais, materiais, em relação ao patrimônio físico, estético, entre outros.

Não se pode negar que existem profissionais que tendem a interpretar que a emissão de um documento oficial por parte do empregador, registrando a suspeita de uma doença ocupacional, por exemplo, seja um reconhecimento de responsabilidade da empresa pelo adoecimento do trabalhador. Este tipo de interpretação é comum em relação às emissões de CAT pelas empresas, embora não o devesse ser, uma vez que o art. 169 da CLT determina a emissão da CAT, mesmo em casos de suspeita.

Este problema também se entende à discussão da caracterização da Insalubridade e da aposentadoria especial. A apresentação de uma informação equivocada no eSocial pode representar um passivo indevido de 5 anos no pagamento de adicionais de insalubridade para todo um setor de uma empresa, ou então no elemento que justificará a derrota em ações regressivas pleiteando indenização pelo pagamento de aposentadorias precoces.

Não é incomum encontrarmos, em perícias judiciais, Programas de Prevenção de Riscos Ambientais que apresentam poucas amostras de medição de temperatura, por exemplo, e que generalizam as piores condições encontradas em pontos de acesso restrito de trabalhadores (como próximo a caldeiras ou calandras), e os generalizam para toda a área de produção, criando condições para que a situação de potencial atividade "insalubre", que atingiria poucos colaboradores, possa ser interpretada como efetiva para toda a área produtiva. Este tipo de erro, por exemplo, se registrado no eSocial, poderia ser interpretado como reconhecimento formal da empresa de condição de trabalho insalubre para a coletividade de seus colaboradores, quando, na realidade, sua grande maioria não estaria exposta a tais condições.

Outro erro comum, que ocorre frequentemente, é a aquisição de Programas de Prevenção de Riscos Ambientais que indicam a necessidade de utilização de EPI's como forma de controle de exposição a riscos ambientais, mas não indicam nem explicam aos seus contratantes como proceder a implementação desta utilização de modo adequado, ou ainda, implementam mas não documentam o fornecimento e as trocas dos EPI's na frequência que realmente ocorrem, levando, frequentemente, à interpretação de que a atividade seria insalubre pela não comprovação do fornecimento do equipamento de proteção adequado, na quantidade adequada e/ou com o treinamento adequado para sua utilização. E de fato, a argumentação que a não comprovação robusta do fornecimento de Equipamentos de Proteção Individual (EPI), na frequência e periodicidade devida, assim como a não precisão de informações quanto ao tipo e numeração do CA[5] deste equipamento, não permite ao avaliador afirmar que seu usuário estava realmente protegido, tem se tornado cada vez mais frequente e é difícil de ser contra-arguida.

Os erros de registro das informações de segurança do trabalho e controle ambiental no eSocial apresentam potencial de, tal qual ocorre em relação às informações referentes à Saúde Ocupacional, levar à responsabilização do empregador em processos cíveis e/ou criminais, mesmo se este tomou as medidas cabíveis para proteger a saúde dos seus colaboradores. Como se diz: "À mulher de César não basta ser honesta, deve parecer honesta".

É fato que no Brasil do início do Século XXI, temos nos deparado, diariamente, com a demonstração de que no Judiciário o resultado das ações é completamente imprevisível, dada a imensa variação de interpretações que nossos magistrados apresentam, mesmo diante de um mesmo caso. Um bom exemplo disso é a reiteração de interpretações divergentes das 1ª e a 2ª Turmas do Superior Tribunal Federal nos sentenciamentos referentes à prisão após o julgamento em 2ª instância. E mesmo dentro de uma mesma turma, as decisões muitas vezes são opostas, como ocorre em alguns casos analisados na segunda turma do STF por Gilmar Mendes e Edison Fachin, por exemplo.

Por outro lado, a Justiça do Trabalho frequentemente se posiciona a favor do empregado, o que se justifica pelo Princípio da Proteção do Trabalhador, implicando que em caso de dúvida este seja beneficiado. Face a este posicionamento institucional, a emissão de documentos que permitam levantar um questionamento em relação a efetivas condições de trabalho durante a vigência de um pacto laborativo, devem ser feitas com precisão, clareza e alta competência técnica, observando a mais absoluta cautela a fim de dirimir os erros evitáveis. Uma informação errada no preenchimento do eSocial, no sentido da existência de uma atividade insalubre ou ergonomicamente inadequada, quando a atividade na realidade não apresenta inadequações, embora se admita a possibilidade de que possa ser retificada, pode representar um grande prejuízo, injusto para o empregador, ocasionado pelo desleixo de quem foi o responsável pelas informações consideradas no preenchimento do aludido documento.

> **Em suma, deve-se primar por investir em serviços de excelência e de alta credibilidade para realização de avaliações ambientais e programas de prevenção e proteção à saúde do trabalhador, sendo que a omissão em relação a isto é uma importante causa de prejuízos evitáveis.**

---

(5) CA = Certificado de Aprovação do Ministério do Trabalho.

4. Saúde e Segurança do Trabalho e o eSocial

Segundo o Manual de Interpretação do eSocial, versão 2.4, são definidos como eventos de Saúde e Segurança do Trabalhador — SST os abaixo elencados:

- S-1060 — Tabela de Ambientes de Trabalho;
- S-2210 — Comunicação de Acidente de Trabalho;
- S-2220 — Monitoramento da Saúde do Trabalhador;
- S-2240 — Condições Ambientais do Trabalho — Fatores de Risco;
- S-2241 — Insalubridade, Periculosidade e Aposentadoria Especial.

Tais eventos estão diretamente relacionados à Saúde e Segurança do Trabalho, porém existem dados em outros eventos que serão utilizados para compor as informações existentes nos formulários substituídos, tais como o PPP e a CAT.

Não é por acaso que as informações atinentes à Saúde e Segurança do Trabalho sejam as últimas cujo preenchimento do eSocial torna obrigatória. Este é um dos pontos mais delicados do eSocial, porque muitos empregadores não possuem informações consistentes sobre esta área. Após acompanhar milhares de perícias referentes à Saúde e Segurança do Trabalho, a impressão que se tem é de que uma parte dos empregadores possui Programas de Prevenção de Riscos Ambientais e Programas de Controle Médico de Saúde Ocupacional muito simplificados e, por vezes, demasiadamente genéricos e superficiais.

Inicialmente, o Decreto-Lei n. 5.452, de 1º de maio de 1943, o qual aprovou a Consolidação das Leis do Trabalho, não previa a elaboração de um Programa Médico de Controle de Saúde Ocupacional, mas apenas e tão somente a obrigatoriedade de realização de um exame médico admissional, sendo que, para as atividades insalubres e perigosas, deveria ser realizado periodicamente, pelo menos uma vez por ano. Também não havia previsão para elaboração de um Programa de Prevenção Para Riscos Ambientais (PPRA), havendo apenas a definição de que indústrias insalubres seriam aquelas que, enquanto tivessem sido inteiramente eliminadas as causas de insalubridade, as capazes, por sua própria natureza, ou pelo método de trabalho, de produzir doenças, infeções ou intoxicações, constando dos quadros aprovados pelo ministro do Trabalho, Indústria e Comércio. Além disso, que a insalubridade, poderia ser eliminada pelo tempo limitado da exposição ao tóxico (gases, poeiras, vapores, fumaças nocivas e análogos); pela utilização de processos, métodos ou disposições especiais que neutralizassem ou removessem as condições de insalubridade, ou ainda pela adoção de medidas, gerais ou individuais, capazes de defender e proteger a saúde do trabalhador.

As normas regulamentadoras foram criadas pela Portaria n. 3.214/1978. A NR-7 chamava-se Exame Médico e determinava a realização de exame médico e abreugrafia em exames admissionais, periódicos, semestrais para as atividades insalubres e anuais para as outras. Não havia indicação para elaboração de um programa de Controle Médico de Saúde Ocupacional. A NR-9 chamava-se "Riscos Ambientais", e ainda não determinava a necessidade de realizar avaliações quantitativas dos riscos dos ambientes laborativos, nem elaborar o Programa de prevenção de Riscos Ambientais.

Na sequência, veio a Portaria n. 12, de junho de 1983, que alterou e ampliou várias Normas Regulamentadoras, incluindo a NR-7 (Exame médico) e a NR-9 (Riscos ambientais). Esta portaria traz avanços em relação à NR-7, prevendo a realização de exames de audiometria (embora sem características necessárias para diagnóstico de PAIR), além de listar alguns exames toxicológicos relacionados com exposição a produtos químicos. Apesar disso, ainda não previa a realização do Programa de Controle Médico de Saúde Ocupacional. Quanto à NR-9, determina novas obrigações ao empregador, mas também não firma a necessidade de elaboração de um Programa de Prevenção de Riscos Ambientais. As obrigações do empregador teriam passado a ser:

a) realizar controle periódico dos riscos ambientais, constantes da NR-15, bem como delimitar as áreas perigosas definidas na NR-16;

b) comunicar à SSMT/MTb a existência de outros agentes não especificados nas Normas Regulamentadoras.

A elaboração de programas formais de Prevenção de Riscos Ambientais (Portaria SST n. 25, de dezembro de 1994), e de Controle Médico de Saúde Ocupacional (Portaria SST n. 24, de dezembro de 1994), se tornou obrigatória apenas em 1994, sendo que desde então já houve dezenas de modificações destas normas.

Já o LTCAT foi implementado pela Lei n. 9.732/1998, que alterou os arts. 57 e 58 da Lei n. 8.213/1991, que passaram a vigorar com as seguintes alterações:

Art. 2º Os arts. 57 e 58 da Lei n. 8.213, de 24 de julho de 1991, passam a vigorar com as seguintes alterações:

"Art. 57. ....
....

§ 6º O benefício previsto neste artigo[6] será financiado com os recursos provenientes da contribuição de que trata o inciso II do art. 22 da Lei n. 8.212, de 24 de julho de 1991, cujas alíquotas serão acrescidas de doze, nove ou seis pontos percentuais, conforme a atividade exercida pelo segurado a serviço da empresa permita a concessão de aposentadoria especial após quinze, vinte ou vinte e cinco anos de contribuição, respectivamente.

---

(6) Aposentadoria Especial.

§ 7º O acréscimo de que trata o parágrafo anterior incide exclusivamente sobre a remuneração do segurado sujeito às condições especiais referidas no *caput*.

§ 8º Aplica-se o disposto no art. 46 ao segurado aposentado nos termos deste artigo que continuar no exercício de atividade ou operação que o sujeite aos agentes nocivos constantes da relação referida no art. 58 desta Lei." (NR)

"Art. 58. ....
....

§ 1º **A comprovação da efetiva exposição do segurado aos agentes nocivos será feita mediante formulário, na forma estabelecida pelo Instituto Nacional do Seguro Social — INSS, emitido pela empresa ou seu preposto, <u>COM BASE EM LAUDO TÉCNICO DE CONDIÇÕES AMBIENTAIS DO TRABALHO</u> expedido por médico do trabalho ou engenheiro de segurança do trabalho nos termos da legislação trabalhista**. (destaques nossos)

§ 2º Do laudo técnico referido no parágrafo anterior **deverão constar informação sobre a existência de tecnologia de proteção coletiva ou individual que diminua a intensidade do agente agressivo a limites de tolerância e recomendação sobre a sua adoção pelo estabelecimento respectivo**.

.... "(NR)

Essas alterações são relativamente recentes e, historicamente, nas décadas de 1990 e início dos anos 2000 não havia (ainda não há), estrutura da fiscalização adequada para acompanhar a qualidade dos programas elaborados pelas empresas, o que levou muitos empregadores a optar pelas opções mais baratas, em detrimento dos de melhor qualidade técnica. Um raciocínio comum era de que seriam documentos burocráticos, sem maiores repercussões caso seu conteúdo não fosse tecnicamente perfeito, o que de certa forma era uma realidade, cerca de 10 ou 20 anos atrás.

A persistência deste tipo de raciocínio (o mais barato é a melhor opção), não se justifica por 2 motivos principais: primeiramente, por representar uma opção consciente de ser menos criterioso em relação às medidas necessárias para a proteção aos trabalhadores e; em segundo lugar, porque o desleixo com as avaliações e programas de saúde e segurança do trabalho passa, com a efetiva implementação do eSocial, a apresentar um potencial muito aumentado de causar prejuízos milionários aos empregadores, na hipótese de as avaliações realizadas serem incorretas e/ou se as efetivas e necessárias medidas de proteção aos riscos identificados não forem adotadas. O tempo urge para aqueles empregadores que necessitam realizar ajustes relativos à saúde e segurança do trabalho, sobretudo porque o envio de informações incorretas pode implicar na responsabilização dos empregadores, assim como dos gestores das empresas.

E, de fato, é possível, e até mesmo provável, que muitos gestores não possuam a compreensão do significado das informações existentes nos documentos de saúde e segurança do trabalho de suas empresas, já que, via de regra, não possuem formação especializada nesta área. E isto é especialmente verdadeiro quando terceirizam estes serviços e os profissionais que realizam tais avaliações não se mostram capacitados para avaliar corretamente, ou para informar claramente as implicações do que encontraram.

E se historicamente, em função de a fiscalização ter sido pouco frequente e pouco efetiva, alguns gestores "da antiga" criaram uma cultura pela qual os documentos de saúde e segurança do trabalho tinham importância secundária, por acreditarem serem apenas detalhes burocráticos, sem maiores repercussões, a implementação completa do eSocial deve causar profundas modificações neste tipo de entendimento equivocado. Ocorre que a análise cruzada da grande quantidade de informações por programas de computador ("Big Data"), pode levar à presunção quanto à existência de inconformidades por parte do empregador/empresa, que potencialmente podem vir a ser interpretadas como uma confissão de situação irregular, por muitos profissionais das ciências jurídicas, assim como por sindicatos e agentes fiscalizadores. E não uma confissão qualquer, mas uma confissão em documento oficial, produzido unilateralmente pelo empregador, o qual poderá instrumentalizar autuação pelos órgãos de fiscalização em seus vários níveis (municipal, estadual, federal...), pela Justiça do Trabalho, pelo INSS etc...

Imaginemos a repercussão de uma informação equivocada, por exemplo, que o índice de estresse térmico de toda a área de produção apresentasse um IBUTG de 27,0 °C, quando estes valores se aplicassem apenas a uma área restrita, com circulação de poucos funcionários. Isto pode ocorrer, comumente, quando é realizada apenas a aferição do ponto mais quente (para economizar tempo e supostamente dinheiro), e generalizada para todo o ambiente laboral. De maneira igualmente comum, profissionais malformados podem considerar que todas as atividades da produção são leves e que um IBUTG de até 30 °C não caracterizaria insalubridade. Ocorre que, na maioria das vezes essas atividades "leves" realizadas em pé são caracterizáveis como "moderadas", tendo em conta os critérios estabelecidos no anexo 3 da NR-15, nas quais um Índice de Estresse Térmico com IBUTG maior que 26,7 °C caracteriza situação insalubre. Equívocos desta natureza poderiam levar à caracterização errada de trabalho insalubre para todos os funcionários da área produtiva, o que em alguns casos poderia representar dezenas ou centenas de colaboradores. E já tivemos oportunidade de identificar situações desta natureza em empresas de médio e até mesmo grande porte. No caso de uma ação coletiva, isto poderia representar um passivo retroativo de 5 anos, para um grande número de funcionários, sem contar as controvérsias e consequências relativas à caracterização de aposentadoria especial que tal erro poderia acarretar. No outro polo, o fornecimento de uma informação incorreta, como um IBUTG efetivamente menor que o existente, poderia ser interpretado como uma tentativa deliberada para tentar descaracterizar a insalubridade realmente existente, caracterizando uma fraude dolosa contra o trabalhador.

> **É por isso que é premente investir na qualidade dos serviços de Saúde e Segurança do Trabalho, uma vez que a qualidade da informação que alimenta o eSocial é essencial para prevenir que o empregador não tenha grandes prejuízos indevidos e evitáveis.**

Retificar uma informação declarada pelo empregador equivocadamente é uma situação prevista no eSocial. Mas depois que esta informação tenha sido divulgada indevidamente, por exemplo, como indício de prova em um processo, certamente comprovar que a informação oficializada no eSocial estava errada, em prejuízo para o trabalhador, despenderá muito esforço, além do fato de que se não estiver documentada farta e corretamente, será extremamente difícil comprovar que a informação registrada não corresponderia à realidade no momento em que foi apontada neste documento.

Assim sendo, os empregadores que desejarem se prevenir adequadamente contra prejuízos potencialmente vultosos consequentes às indenizações por doenças caracterizadas equivocadamente ocupacionais, bem como a possíveis implicações criminais pelo desencadeamento de lesões corporais graves ou gravíssimas pelo mesmo motivos; ou ainda em relação às ações regressivas por parte do INSS em função de aposentadorias especiais ou precoces evitáveis, deve, o quanto antes, investir pesadamente em Serviços de Segurança e Saúde Ocupacionais de elevada qualidade e credibilidade.

Obviamente, se a intenção for economizar, as informações que alimentam o eSocial, em relação às tabelas referentes à insalubridade e periculosidade, à aposentadoria especial, aos "acidentes de trabalho", fatores ergonômicos, entre outros, e estes dados forem baseados em relatórios simplificados feitos por pessoas inexperientes ou pouco qualificadas, a possibilidade de apresentar uma informação incorreta que comprometa o empregador é potencializada. No mesmo prumo, quando identificada uma situação de risco que exige medidas de controle e proteção individual ou coletiva, se estas medidas não forem as efetivamente sanadas, as consequências podem ser desastrosas tanto para o trabalhador quanto para o empregador.

> **O questionamento que deve ser feito pelo Gestor em relação ao seu SESMT (Serviço Especializado em Segurança e Medicina do Trabalho) ou aos profissionais que prestam estes serviços, não mais pode ser apenas se estes profissionais podem realizar este trabalho a baixo custo, mas se estes profissionais são os mais qualificados para a execução de um serviço de excelência. Disso poderá depender a perenidade da empresa.**

A era das resoluções políticas e da politicagem parece, felizmente, estar se exaurido. E já vai tarde! Já não há mais espaço para quem prefere fechar os olhos para problemas efetivamente existentes e tentar resolver problemas pontuais utilizando do famoso "jeitinho brasileiro". É necessário efetivamente cumprir o que determinam a Legislação Trabalhista e as Normas Regulamentadoras, identificando corretamente as situações que podem pôr em risco a saúde e a incolumidade física dos trabalhadores e adotando as medidas necessárias e suficientes para controlá-las de maneira eficaz. Os empregadores que optarem por seguir o caminho correto, de se preocupar em cumprir suas obrigações referentes à Saúde e Segurança do Trabalho para com seus contratados só têm a ganhar com isso, pois um ambiente de trabalho saudável tende a refletir em maior satisfação do trabalhador, maior identificação deste com a empresa, menor absenteísmo e possivelmente em uma menor judicialização das relações de trabalho, entre outros fatores.

Embora vivamos tempos de crise econômica, em que todos os setores das empresas, todos os empregadores, ou pelo menos a grande maioria, esteja focada em cortar ou minorizar os gastos fixos, a implementação efetiva do eSocial indica a existência da necessidade de investir pesadamente na qualidade dos Serviços de Saúde e Segurança do Trabalho, sob risco de prejuízos enormes que podem ser determinantes para a inviabilidade dos negócios.

De fato, economizar às custas de sacrifício de boas práticas de Saúde e Segurança do Trabalho é, definitivamente, uma "economia" burra... Algo comparável a trocar a assessoria de uma assistência jurídica consagrada, composta por profissionais experientes, bem formados, competentes e reconhecidos no meio jurídico, por outra composta por profissionais inexperientes e de formação duvidosa, utilizando como único critério o rebaixamento de custo fixo. Em ambos os casos, algumas centenas ou milhares de reais economizados imediatamente podem acarretar, em médio prazo, um prejuízo de milhões, o qual, em grande parte das vezes, seria perfeitamente evitável. Afinal, para estar bem assessorado em questões relativas à Saúde e Segurança do Trabalho, bem como em suas implicações, é essencial buscar auxílio de profissionais de alto nível, experientes e competentes.

O eSocial propicia um grande aumento da capacidade de fiscalização dos empregadores, e isto implica que os mesmos devem estar aptos para comprovar que se encontram em situação regular, sob risco de serem penalizados, multados ou ter prejuízos com despesas processuais e condenações evitáveis e preveníveis. A análise informatizada e cruzada das informações pode fornecer aos órgãos de fiscalização, ao INSS e ao Judiciário, informações, ou melhor, presunções de situações de trabalho insalubre ou perigoso, de adoecimento de trabalhadores ou de acidentes antes mesmo que sejam do efetivo conhecimento dos gestores; situações estas que precisam ser identificadas, estudadas, esclarecidas e sanadas prontamente.

Importante salientar que, até onde se sabe, não consta que a metodologia de interpretação do eSocial apresente algum mecanismo para elidir ou minorizar os potenciais viéses de erros que análises estatísticas podem induzir. Por isso é de extrema importância dispor de uma equipe muito experiente e bem qualificada de Saúde e Segurança do Trabalho, a fim de elucidar, dirimir e esclarecer eventuais desconformidades presumidas pela metodologia em questão. A utilização de serviços que não primam pela qualidade, que realizam serviços e análises a toque de caixa, em tempos de eSocial, passa a representar um risco muito maior do que representou até então.

Na fase inicial de alimentação do eSocial com as informações pertinentes à saúde e segurança do trabalho é necessária extrema cautela. O ideal seria reunir todas as informações de Saúde e Segurança do Trabalho, para que os responsáveis pela informação, o empregador (gestor), seu aconselhamento jurídico e os responsáveis pela alimentação das planilhas do eSocial discutissem a implicação de cada informação existente, buscando identificar suas possíveis repercuções, a fim de tomar as medidas necessárias para sanear, em definitivo, eventuais dúvidas ou inconformidades porventura existentes.

Não se pode esquecer que se trata de um documento oficial, cujo conteúdo tanto pode favorecer quanto prejudicar intensamente o seu emitente. Em qualquer destes cenários as informações prestadas devem ser as mais corretas possíveis, tanto para evitar a responsabilização incorreta, quanto para preservar a saúde dos colaboradores e seus direitos.

É preciso atentar para o fato de que o PPRA[7], em geral não é o documento adequado para servir como base de informações quanto a insalubridade, periculosidade e aposentadoria especial. O PPRA, em sua forma básica, não identifica obrigatoriamente a existência ou não da insalubridade do ambiente de trabalho, apenas identifica os riscos existentes e propõe medidas para seu controle. Assim sendo, suas informações não se prestam a identificar a existência ou não de insalubridade, apenas de riscos. Ocorre que mesmo na presença dos riscos previstos na NR-15, se efetivas medidas de controle e proteção forem adotadas, não se caracteriza insalubridade. A utilização de informações provenientes de documentos como PPRA e PCMAT para informar sobre insalubridade e periculosidade no eSocial pode levar à caracterização equivocada de atividade insalubre, pelo fato de que estes não se destinam à caracterização ou não caracterização da situação insalubre de trabalho. Na maioria das vezes, tanto o PPRA quanto o PCMAT apenas buscam identificar os riscos e propor medidas de controle, não implicando que os riscos identificados tenham sido efetivamente controlados.

Pelo exposto anteriormente, as informações relativas à insalubridade do meio ambiente de trabalho, que podem implicar em aposentadorias especiais e ações regressivas do INSS contra os empregadores (pedindo indenização por aposentadria precoce e evitável), Leiaute S 2241, o ideal é que sejam considerados os dados de um LTCAT, ou de laudos de insalubridade, elaborados sob responsabilidade

---

(7) (Programa de Prevenção de Riscos Ambientais).

de profissionais experientes e que tenham profundo conhecimento daquilo que estão avaliando. E é de alto interesse do empregador discutir com os profissionais que elaboram tais documentos o significado de suas conclusões e as implicações das suas constatações, no que tange à existência de ambiente insalubre e se as medidas necessárias para sanear esta condição estão sendo efetivas ou não.

Embora o LTCAT (Laudo Técnico das Condições do Ambiente de Trabalho), não seja previsto nas Normas Regulamentadoras do Ministério do Trabalho, mas pela Lei n. 9.732/1998 (que alterou os arts. 57 e 58 da Lei n. 8.213/1991, dizendo respeito à caracterização de atividade insalubre para fins de caracterização ou descaracterização de atividade especial que enseje aposentadoria especial); entendemos que suas avaliações (que consideram não apenas os riscos existentes mas também as medidas que estão sendo adotadas para controlá-los e sua efetividade), seriam as mais adequadas tanto para a elaboração do PCMSO, quanto para servir de base para as medidas efetivas de prevenção quanto à insalubridade a serem propostas pelo PPRA.

Em relação aos CIDs dos Atestados Médicos, que deverão ser apresentados para afastamentos superiores a 2 dias, convém não esquecer que na imensa maioria das vezes não trazem diagnósticos de certeza, mas meras hipóteses diagnósticas. Embora na grande maioria das vezes não seja viável, o ideal seria que esses atestados fossem auditados na ocasião de sua emissão, ou no dia seguinte, para que o Médico Auditor pudesse esclarecer se o diagnóstico é conclusivo ou especulativo, assim como se há ou não real necessidade de afastamento do trabalho, uma vez que para determinar se há ou não incapacidade laboral há necessidade de, além de conhecer a doença e as limitações que esta provoca, conhecer também as características da atividade a ser realizada, informação que, via de regra, não é disponível para o médico que não conhece o trabalho do paciente. Isto sem contar a possibilidade das fraudes, que, infelizmente, não são tão incomuns quanto desejaríamos. Embora isto não seja comum no setor privado, tem sido muito comum nos Órgãos Públicos, que possuem suas próprias perícias.

5. Preenchimento das Tabelas Referentes à Saúde e Segurança do Trabalho

Fluxograma de preenchimento das informações de Saúde e Segurança do Trabalho — Manual de orientações do eSocial versão 2.4

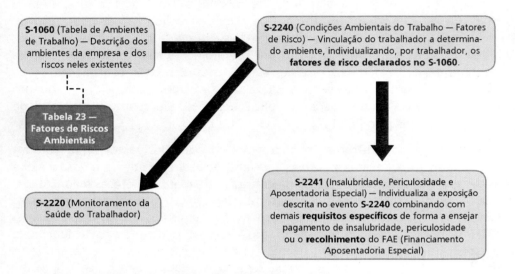

S-1060 — TABELA DE AMBIENTES DE TRABALHO:

Serão descritos, para a criação de uma tabela a ser usada pelo empregador/ contribuinte em eventos posteriores, os ambientes existentes na empresa e os fatores de risco a ele associados (utilizar tabela 23), atribuindo-se um código a este ambiente. Neste momento, não haverá vinculação de qualquer trabalhador, sendo uma informação geral, que será utilizada em momento posterior. A atribuição de um código para cada ambiente evitará a redundância das informações, evitando que seja exigida a descrição do ambiente para cada trabalhador.

Conceito do evento: evento utilizado para inclusão, alteração e exclusão de registros na Tabela de Ambientes de Trabalho do empregador/ contribuinte/ órgão público. As informações consolidadas desta tabela são utilizadas para validação do evento de Condições Ambientais do Trabalho. Devem ser informados na Tabela os ambientes de trabalho da empresa e os respectivos fatores de risco neles existentes constantes na Tabela 23 — "Fatores de Riscos do Meio Ambiente do Trabalho".

Quem está obrigado: o empregador, a cooperativa, o Órgão Gestor de Mão de Obra, a parte concedente de estágio, o sindicato de trabalhadores avulsos e órgãos públicos em relação aos seus empregados e servidores vinculados ao Regime

Geral de Previdência Social — RGPS. No caso de servidores vinculados ao Regime Próprio de Previdência Social — RPPS o envio da informação é facultativo.

Prazo de Envio: O evento Tabela de Ambientes de Trabalho deve ser enviado antes dos eventos "S- 2240 — Condições Ambientais do Trabalho — Fatores de Risco" e "S-2241 — Insalubridade, Periculosidade e Aposentadoria Especial".

Pré-requisitos: envio do evento S-1000 — Informações do Empregador/Contribuinte/Órgão Público, S-1005 — Tabela de Estabelecimentos, Obras ou Unidades de Órgãos Públicos e S-1020 — Tabela de Lotações Tributárias.

Informações adicionais:

1) Neste evento serão descritos todos os ambientes de trabalho do empregador/contribuinte/órgão público, em que existam trabalhadores, indicando os fatores de risco nele existentes, utilizando-se dos códigos previstos na tabela 23 — "Fatores de Riscos do Meio Ambiente do Trabalho". As informações desses ambientes serão utilizadas para o preenchimento dos eventos "S-2240 — Condições Ambientais de Trabalho — Fatores de Risco", no qual cada trabalhador será vinculado ao(s) ambiente(s) do empregador/contribuinte/órgão público em que exerce suas atividades.

2) Entende-se por fator de risco aquele que, presente no ambiente de trabalho, é capaz de trazer ou ocasionar danos à saúde ou à integridade física do trabalhador.

3) Caso inexistam fatores de risco no ambiente informado deverá ser atribuído o código correspondente da tabela 23, qual seja, o código 09.01.001 — "Ausência de Fator de Risco".

4) Estas informações serão utilizadas para a elaboração do Perfil Profissiográfico Previdenciário — PPP, motivo pelo qual deve ser informado o ambiente onde efetivamente o trabalhador exerce suas atividades, não se confundindo com a lotação tributária informada no evento S-1020.

5) A existência de ambientes com exposição a fatores de risco não implica necessariamente o reconhecimento de exposição para fins de concessão de aposentadoria especial ou direito à percepção do adicional de insalubridade e/ou periculosidade, que será declarado no evento "S-2241 — Insalubridade/Periculosidade/Aposentadoria Especial".

6) Somente haverá necessidade de atualização dos fatores de risco quando houver alteração/exclusão destas informações, não havendo necessidade de atualização periódica.

7) Para cada ambiente informado será prevista uma data de início de validade da informação e uma data de fim da validade destas informações. Isso porque, os fatores de risco existentes no ambiente e as demais informações prestadas podem sofrer alterações ou o ambiente poderá deixar de existir na empresa.

8) A definição dos ambientes de trabalho e suas delimitações são de responsabilidade do empregador/contribuinte/órgão público, devendo a descrição ser objetiva e permitir a identificação das fontes geradoras dos riscos associados.

9) Tratando-se de ambiente de trabalho localizado no exterior, essa condição deve constar na descrição do ambiente.

10) Os riscos ergonômicos devem ser informados de acordo com as explicações que constam na tabela abaixo:

04.01.000	ERGONÔMICO — BIOMECÂNICOS	ORIENTAÇÃO DE PREENCHIMENTO
04.01.001	Exigência de posturas incômodas ou pouco confortáveis por longos períodos	Aplicável às situações em que o trabalhador, para exercer sua atividade, necessita adotar posturas incômodas ou desconfortáveis durante longos períodos ou várias vezes durante a jornada de trabalho.
04.01.002	Postura sentada por longos períodos	Aplicável às situações em que o trabalhador, para exercer sua atividade, necessita permanecer sentado por longos períodos contínuos durante a jornada de trabalho.
04.01.003	Postura de pé por longos períodos	Aplicável às situações em que o trabalhador, para exercer sua atividade, necessita ficar de pé por longos períodos contínuos durante a jornada de trabalho.
04.01.004	Constante deslocamento a pé durante a jornada de trabalho	Aplicável às situações em que o trabalhador, para exercer sua atividade, necessita se deslocar a pé por longos períodos contínuos durante a jornada de trabalho.
04.01.005	Exigência de esforço físico intenso	Aplicável às situações em que o trabalhador, para exercer sua atividade, necessita realizar esforço físico intenso, de toda e qualquer natureza.
04.01.006	Levantamento e transporte manual de cargas ou volumes	Aplicável às situações em que o trabalhador, para exercer sua atividade, necessita fazer regularmente o levantamento e o transporte manual de cargas ou volumes de maneira contínua ou mesmo descontínua.
04.01.007	Frequente ação de puxar/empurrar cargas ou volumes	Aplicável às situações em que o trabalhador, para exercer sua atividade, necessita realizar esforço físico para puxar e/ou empurrar cargas ou volumes de toda e qualquer natureza.
04.01.008	Frequente execução de movimentos repetitivos	Aplicável às situações em que o trabalhador, para exercer sua atividade, necessita exercer o mesmo movimento repetidamente por períodos contínuos durante a jornada de trabalho.
04.01.009	Manuseio de ferramentas e/ou objetos pesados por períodos prolongados	Aplicável às situações em que o trabalhador, para exercer sua atividade, necessita manusear ferramentas e/ou objetos pesados por longos períodos durante a jornada de trabalho.

04.01.010	Outros	Outras situações que possam ser relacionadas às estruturas e/ou ao sistema locomotor do corpo humano.
04.02.000	**ERGONÔMICO — MOBILIÁRIO E EQUIPAMENTOS**	**ORIENTAÇÃO DE PREENCHIMENTO**
04.02.001	Mobiliário sem meios de regulagem de ajuste	Aplicável às situações em que o trabalhador, para exercer sua atividade, não disponha de meios de regulagem de ajuste em seu mobiliário de trabalho (mesa, bancada, estação de trabalho, cadeira e banco).
04.02.002	Equipamentos e/ou máquinas sem meios de regulagem de ajuste ou sem condições de uso	Aplicável às situações em que o trabalhador, para exercer sua atividade, disponha de equipamentos ou máquinas que estejam sem condições de uso ou não possuam meios de regulagem para ajuste.
04.02.003	Outros	Outras situações que possam ser relacionadas às questões de mobiliário e equipamentos não mencionadas acima.
04.03.000	**ERGONÔMICO — ORGANIZACIONAIS**	**ORIENTAÇÃO DE PREENCHIMENTO**
04.03.001	Ausência de pausas para descanso ou não cumprimento destas durante a jornada	Aplicável às situações em que o trabalhador, para exercer sua atividade, não disponha da possibilidade de fazer interrupções periódicas para descanso durante a jornada de trabalho.
04.03.002	Necessidade de manter ritmos intensos de trabalho	Aplicável às situações em que o trabalhador necessita manter um ritmo intenso de trabalho, seja físico ou mental, para cumprir suas atividades
04.03.003	Trabalho com necessidade de variação de turnos	Aplicável às situações em que o trabalhador necessita exercer sua atividade em jornadas de trabalho escalonadas que podem ter turnos variáveis entre matutino, vespertino e noturno.
04.03.004	Monotonia	Aplicável às situações em que o trabalhador esteja alocado em ambiente uniforme, pobre em estímulos ou pouco excitantes e executa o mesmo tipo de tarefa continuamente durante a jornada de trabalho.
04.03.005	Ausência de um plano de capacitação, habilitação, reciclagem e atualização dos empregados	Aplicável às situações em que o empregado não participa de um plano de desenvolvimento profissional, não recebe instruções formais de trabalho, cursos ou treinamentos relacionados à sua área de atuação.
04.03.006	Cobrança de metas de impossível atingimento	Aplicável às situações em que o trabalhador é cobrado por metas de produtividade que não estão de acordo com a sua realidade de alcance.
04.03.007	Outros	Outras situações que possam ser relacionadas à organização do trabalho.

04.04.000	ERGONÔMICO — PSICOSSOCIAIS / COGNITIVOS	ORIENTAÇÃO DE PREENCHIMENTO
04.04.001	Situações de estresse	Aplicável às situações em que o trabalhador sofre exigências físicas ou mentais exageradas. Estas exigências podem estar relacionadas ao conteúdo ou às condições de trabalho, aos fatores organizacionais ou a pressões econômico-sociais.
04.04.002	Situações de sobrecarga de trabalho mental	Aplicável às situações em que o empregado realiza trabalho de alta exigência mental, que envolva muitas tarefas e grandes responsabilidades.
04.04.003	Exigência de alto nível de concentração ou atenção	Aplicável às situações em que o empregado necessita de alto nível de concentração ou atenção para realizar suas atividades.
04.04.004	Meios de comunicação ineficientes	Aplicável às situações em que os sistemas de comunicação, de todas as naturezas são falhos ou ineficientes para que o empregado consiga realizar suas atividades.
04.04.005	Outros	Outras situações que possam ser relacionadas às questões que envolvam processos mentais de percepção, memória, juízo e/ou raciocínio, bem como aspectos psicológicos e sociais.

S-2210 — COMUNICAÇÃO DE ACIDENTE DE TRABALHO

Conceito do evento: evento a ser utilizado para comunicar acidente de trabalho pelo empregador/contribuinte/órgão público, ainda que não haja afastamento do trabalhador de suas atividades laborais.

Quem está obrigado: o empregador, a cooperativa, o Órgão Gestor de Mão de Obra, a parte concedente de estágio, o sindicato de trabalhadores avulsos e órgãos públicos em relação aos seus empregados e servidores vinculados ao Regime Geral de Previdência Social — RGPS. No caso de servidores vinculados ao Regime Próprio de Previdência Social — RPPS o envio da informação é facultativo.

Prazo de envio: a comunicação do acidente de trabalho deve ser feita até o primeiro dia útil seguinte ao da ocorrência e, em caso de morte, de imediato.

Pré-requisitos: envio dos eventos S-2200 — Cadastramento Inicial do Vínculo e Admissão/Ingresso de Trabalhador e S-2300 — Trabalhadores Sem Vínculo Emprego/Estatutário — Início, caso o registrador for o empregador.

Informações adicionais:

1) No eSocial, o envio deste evento é realizado somente pelo o empregador/contribuinte/órgão público, sendo que os demais legitimados, previstos na legislação para emissão da CAT, continuarão utilizando o sistema atual de notificações.

2) A empresa deve informar se a iniciativa da Comunicação de Acidente de Trabalho foi do empregador, por ordem judicial ou por determinação do órgão fiscalizador.

3) Caso o acidente se refira a trabalhador que prestava serviço no ambiente de trabalho da empresa tomadora, a empresa prestadora deve informar o CNPJ do local do acidente.

4) Em caso de morte do empregado, superveniente ao envio da CAT, o evento deve ser retificado, indicando o óbito e a data da sua ocorrência.

5) O campo {tpAcid} deverá ser preenchido a partir dos códigos previstos na tabela 24, a qual traz a tipificação de todas as hipóteses de acidente de trabalho previstas na legislação.

6) Em caso de acidente ocorrido no exterior, o campo {codCNES} deve ser preenchido com o código do CNES correspondente ao SESMT da matriz do empregador no Brasil e os campos do grupo [emitente] com as informações relativas ao médico coordenador do PCMSO no Brasil.

7) No eSocial, o número da CAT é o número do recibo deste evento. Este número deve ser utilizado para se fazer referência para uma CAT de origem, nos casos de reabertura.

8) Caso o acidente de trabalho resulte em afastamento do empregado, deve também, o empregador, obrigatoriamente, enviar o evento S-2230 — Afastamento Temporário.

9) A informação do código da Classificação Internacional de Doenças — CID é obrigatória na CAT, por se tratar de evento de notificação compulsória conforme prevê o art. 22 da Lei n. 8.213, de 1991 e no art. 169 da CLT.

S-2220 — MONITORAMENTO DA SAÚDE DO TRABALHADOR

Conceito do evento: o evento detalha as informações relativas ao monitoramento da saúde do trabalhador, durante todo o vínculo laboral com o empregador/contribuinte/órgão público, por trabalhador, no curso do vínculo ou do estágio, bem como os exames complementares aos quais o trabalhador foi submetido.

Quem está obrigado: o empregador, a cooperativa, o Órgão Gestor de Mão de Obra, a parte concedente de estágio, o sindicato de trabalhadores avulsos e órgãos públicos em relação aos seus empregados e servidores vinculados ao Regime Geral de Previdência Social — RGPS. No caso de servidores vinculados ao Regime Próprio de Previdência Social — RPPS o envio da informação é facultativo.

Prazo de envio: o evento deve ser enviado até o dia 07 (sete) do mês subsequente ao da realização do correspondente exame. Essa regra não altera o prazo legal para a realização dos exames, que devem seguir o previsto na legislação, sendo que somente o registro da informação no eSocial é permitido até o dia 07 (sete) do mês subsequente.

Pré-requisitos: envio dos eventos "S-2200 — Cadastramento Inicial do Vínculo e Admissão/Ingresso de Trabalhador" ou "S-2300 — Trabalhadores Sem Vínculo Emprego/Estatutário — Início".

Informações adicionais:

1) São informados neste evento os resultados da monitoração da saúde do trabalhador cujas atividades envolvam os riscos discriminados nas Normas Regulamentadoras do Ministério do Trabalho e Emprego, bem como os demais exames complementares solicitados, a critério médico, buscando verificar as possíveis ocorrências de fatores de risco que, por sua natureza, concentração, intensidade e tempo de exposição, são capazes de causar danos à saúde do trabalhador.

2) Apenas os exames realizados após o início da obrigatoriedade de envio desse evento serão registrados no eSocial.

3) Não integram este evento as informações constantes em atestados médicos, nos casos de afastamento do trabalhador por doença ou acidente, que são informados no evento "S-2230- Afastamento Temporário". Entretanto, o exame de retorno ao trabalho do trabalhador ausente por período igual ou superior a 30 dias por motivo de doença ou acidente de natureza ocupacional ou não, também deve constar no evento de monitoramento da Saúde do Trabalhador.

4) Devem ser obrigatoriamente informados neste evento os exames previstos nos quadros I e II da NR-7 do MTE, de acordo com o risco ao qual o trabalhador está exposto, bem como os demais exames obrigatórios previstos na legislação. Os exames complementares também serão informados neste evento.

5) A informação do exame será registrada por meio do código a ele atribuído na tabela Terminologia Unificada da Saúde Suplementar — TUSS, elaborada pela Agência Nacional de Saúde Suplementar — ANS e disponível em seu *site*.

6) No campo interpretação do exame, os códigos referenciados somente são obrigatórios para os exames previstos no quadro I da NR-7 e possuem os seguintes significados:

• EE — O indicador biológico é capaz de indicar uma exposição ambiental acima do limite de tolerância, mas não possui, isoladamente, significado clínico ou toxicológico próprio, ou seja, não indica doença, nem está associado a um efeito ou disfunção de qualquer sistema biológico;

• SC — Além de mostrar uma exposição excessiva, o indicador biológico tem também significado clínico ou toxicológico próprio, ou seja, pode indicar doença, estar associado a um efeito ou uma disfunção do sistema biológico avaliado;

- SC+ — O indicador biológico possui significado clínico ou toxicológico próprio, mas, na prática, em razão de sua curta meia-vida biológica, deve ser considerado como EE;

7) Para trabalhadores expostos a agentes químicos não constantes dos quadros I e II da NR 7 outros indicadores poderão ser monitorados e informados neste evento.

8) Em caso de exames realizados no exterior, os campos dos grupos {respMonit} e {ideServSaude} deverão ser preenchidos com as informações do médico coordenador do PCMSO no Brasil.

S-2230 — AFASTAMENTO TEMPORÁRIO

Conceito do evento: evento utilizado para informar os afastamentos temporários dos empregados/servidores e trabalhadores avulsos, por quaisquer dos motivos elencados na tabela 18 — Motivos de Afastamento, bem como eventuais alterações e prorrogações. Caso o empregado/servidor possua mais de um vínculo, é necessário o envio do evento para cada um deles. Quem está obrigado: o empregador/contribuinte/órgão público, toda vez que o trabalhador se afastar de suas atividades laborais em decorrência de um dos motivos constantes na tabela 18, com indicação de obrigatória, conforme quadro constante no item 18 das informações adicionais.

Prazo de envio: o evento de afastamento temporário deve ser informado nos seguintes prazos:

a) Afastamento temporário ocasionado por acidente de trabalho, agravo de saúde ou doença decorrentes do trabalho com duração não superior a 15 (quinze) dias, deve ser enviado até o dia 7 (sete) do mês subsequente ao da sua ocorrência.

b) Afastamento temporário ocasionado por acidente de qualquer natureza, agravo de saúde ou doença não relacionados ao trabalho, com duração entre 3 (três) a 15 (quinze) dias, deve ser enviado até o dia 7 (sete) do mês subsequente ao da sua ocorrência.

c) Afastamento temporário ocasionado por acidente de trabalho, acidente de qualquer natureza, agravo de saúde ou doença com duração superior a 15 (quinze) dias deve ser enviado até o 16º dia da sua ocorrência, caso não tenha transcorrido o prazo previsto nos itens 1 e 2.

d) Afastamento temporário ocasionado pelo mesmo acidente, agravo de saúde ou doença, que ocorrerem dentro do prazo de 60 (sessenta) dias e totalizar, na somatória dos tempos, duração superior a 15 (quinze) dias, independentemente da duração individual de cada afastamento, devem ser enviados, isoladamente, no 16º dia do afastamento.

e) Demais afastamentos devem ser enviados até o dia 7 (sete) do mês subsequente ao da sua ocorrência ou até o envio dos eventos mensais de remuneração a que se relacionem.

f) Alteração e término de afastamento: até o dia 07 (sete) do mês subsequente à competência em que ocorreu a alteração ou até o envio do evento "S-1299 — Fechamento dos Eventos Periódicos", o que ocorrer primeiro.

g) Para servidores de regime jurídico estatutário vinculados ao RPPS e regime administrativo especial vinculados ao RPPS, deverão ser observados os prazos previstos na legislação específica.

Pré-requisitos: envio dos eventos "S-2200 — Cadastramento Inicial do Vínculo e Admissão/Ingresso do Trabalhador" ou S-2300 — Trabalhadores Sem Vínculo de Emprego/Estatutário — Início.

Informações adicionais:

1) A data a ser informada no evento é a do efetivo afastamento do trabalhador.

2) Não é possível registrar o início e o término de afastamento em data futura, exceto se o motivo de afastamento for férias {codMotAfast} = [15] (férias), em que a data de início ou término pode ser superior à data do envio do evento em até 60 dias.

3) Devem ser informados neste evento os afastamentos do empregado ou servidor vinculado ao RGPS, bem como eventuais alterações e prorrogações, conforme tabela abaixo. Caso o empregado/servidor possua mais de um vínculo é necessário o envio do evento para cada um dos vínculos.

4) Deve ser utilizado o código 01 — Acidente/Doença do Trabalho — da tabela para ser informada a ocorrência de afastamentos temporários motivados por acidente de trabalho, agravo de saúde ou doença relacionados ao trabalho. Devem ser informados os afastamentos, independentemente de sua duração, ou seja, mesmo os de duração de 1 dia.

5) A informação de que um afastamento decorre do mesmo motivo do(s) anterior(es) dentro do prazo de 60 (sessenta) dias contados do primeiro afastamento deve ser prestada em campo próprio do evento S-2230.

Exemplo: um empregado tem os seguintes afastamentos, motivados por uma mesma doença relacionada ao trabalho.

1º afastamento 1: 1º.3.2014 a 3.3.2014 (3 dias);

2º afastamento 2: 8.3.2014 a 18.3.2014 (10 dias) e

3º afastamento 3: 13.4.2014 a 15.4.2014 (3 dias).

Os afastamentos 1 e 2 devem ser informados no dia 7.4.2014. Já o afastamento 3 terá de ser informado no dia 15.4.2014, dia em que completa 16 dias de afastamento deste trabalhador.

6) O código 03 da tabela deve ser utilizado para informar a ocorrência de afastamentos temporários motivados por acidentes de qualquer natureza e doenças não relacionadas ao trabalho.

7) Nos afastamentos temporários decorrentes do mesmo acidente/doença não relacionado ao trabalho, com duração inferior a 3 (três) dias e que totalizam 15 (quinze) dias durante o prazo de 60 (sessenta) dias contados do primeiro afastamento, a informação deve ser prestada em campo próprio do evento S-2230.

Exemplo (considere que os três afastamentos ocorreram pelo mesmo motivo):

1º afastamento 1º.3.2014 a 2.3.2014 (2 dias); 2º afastamento 5.3.2014 a 14.3.2014 (10 dias); 3º afastamento 13.4.2014 a 16.4.2014 (4 dias);

O período relativo ao 2º afastamento deve ser informado no dia 7.4.2014 vez que é superior a 3 dias. Os demais afastamentos (1º e 3º) serão informados no dia 16.4.2014, dia em que completa 16 dias de afastamento no prazo de 60 dias, pelo mesmo motivo.

8) Em caso de novo afastamento dentro do prazo de 60 (sessenta) dias contados do retorno de auxílio-doença motivado pelo mesmo acidente/doença relacionado ou não ao trabalho (independentemente do número de dias de afastamento), o empregador/órgão público deverá informar a opção "sim" no campo {infoMesmoMtv} do evento S-2230.

Exemplo:

1º afastamento em razão de acidente de qualquer natureza: 1º.7.2014 a 20.7.2014 (20 dias)

2º afastamento motivado por complicações decorrentes do mesmo acidente que ensejou o afastamento anterior: 20.8.2014 a 21.8.2014 (2 dias)

O 1º afastamento será informado até o dia 16.7.2014; já o novo afastamento será informado no dia 20.8.2014, pois neste caso o empregado tem direito a receber o auxílio-doença, pago pelo INSS, a partir da data do novo afastamento.

9) A informação de um novo motivo de afastamento só é possível mediante o envio do término do afastamento anterior. Por exemplo, se uma empregada gestante se afasta para gozo de férias e durante essas férias ocorre o parto, deve ser informado o retorno do afastamento relativo às férias na data anterior ao do parto (ou feita sua retificação caso a data do retorno já tenha sido informada) e encaminhado um novo evento de afastamento informando o início da licença--maternidade.

10) O campo {infoAtestado} permite informar até 9 (nove) atestados de profissionais diferentes que fundamentam um mesmo afastamento, devendo ser utilizado sempre que o empregado apresenta novo atestado para fundamentar a prorrogação de um afastamento pelo mesmo motivo e doença em que não haja retorno ao trabalho. Entretanto, caso haja alteração do motivo ou doença, com ou sem retorno ao trabalho, e novo afastamento posterior, este deve ser registrado, preenchendo o campo {infoMesmoMtv}, conforme mencionado em item precedente.

11) A ocorrência de óbito do empregado/servidor durante o afastamento temporário não requer o envio do evento de retorno do afastamento.

12) No caso de acidente de trabalho ou doença decorrente de acidente de trânsito informar se este decorreu de atropelamento, colisão ou outro tipo de acidente.

13) Em se tratando de afastamento por exercício de mandato sindical o empregador/órgão público informará o CNPJ do sindicato no qual o trabalhador exercerá o mandato e quem assumirá o ônus do pagamento de sua remuneração (código 24 da "Tabela 18 — Motivos de Afastamento"). Se o ônus for exclusivamente do cessionário, é obrigatório o envio do evento de afastamento sem o qual não será possível o fechamento do evento S-1299.

14) No caso de afastamento por exercício de mandato sindical cujo ônus do pagamento da remuneração seja exclusivamente do empregador/órgão público ou compartilhado entre ele e o cessionário, a informação do evento de afastamento é facultativa.

15) No afastamento de servidor vinculado a RPPS por motivo de aposentadoria por invalidez (código 06 da Tabela 18 — Motivos de Afastamento), quando houver reversão, deverá ser informada a cessação da aposentadoria por invalidez nos campos {DtFimBenef} e {MtvFim} do evento "S-2400 — Cadastro de Benefícios Previdenciários — RPPS"e o fim do afastamento no campo {DtTermAfast} do evento "–S-2230 — Afastamento Temporário".

16) O evento enviado incorretamente pode ser excluído (tornado sem efeito) desde que não tenha ocorrido o envio de evento posterior, relacionado ao afastamento, e nem tenha havido o envio de arquivo de folha de pagamento mensal de competência igual ou posterior à data de evento que se deseja excluir.

17) O evento enviado incorretamente pode ser retificado, desde que não tenha ocorrido envio de evento posterior, relacionado ao afastamento, ou o envio de arquivo de folha de pagamento mensal, de competência igual ou posterior à data do evento que se deseja retificar. Caso já tenho ocorrido o envio de evento posterior ao afastamento, devem ser excluídos todos os eventos relacionados ao afastamento a ser retificado, na ordem inversa em que foram transmitidos.

18) A informação do código da tabela de Classificação Internacional de Doenças — CID é obrigatória quando o afastamento ocorrer em virtude de acidente/doença do trabalho ou na suspeita destes, de acordo com o que trata o art. 169 da CLT.

19) Com vistas a garantir os direitos trabalhistas e previdenciários de seus pacientes, os médicos que assistirem trabalhadores vítimas de qualquer doença que enseje afastamento temporário, diferente de acidente de trabalho ou doença a ele relacionada, pode solicitar autorização expressa do paciente em atestado médico, para inserção do código da CID, conforme o disposto no artigo 102 do Código de Ética Médica.

20) A obrigatoriedade da informação dos afastamentos deve seguir o quadro abaixo:

Cód.	Descrição	Obrigatoriedade de informação
01	Acidente/Doença do trabalho	Obrigatória, independentemente da quantidade de dias de afastamento
03	Acidente/Doença não relacionada ao trabalho	Obrigatória, nos casos em que o afastamento tiver duração superior a 2 (dois) dias
05	Afastamento/licença prevista em regime próprio, sem remuneração	Obrigatória
06	Aposentadoria por invalidez — CLT, art. 475	Obrigatória
07	Acompanhamento — Licença para acompanhamento de membro da família	Facultativa
08	Afastamento do empregado para participar de atividade do Conselho Curador do FGTS — art. 65, § 6º, Dec. n. 99.684/90 (Regulamento do FGTS)	Facultativa
10	Afastamento/licença prevista em regime próprio, com remuneração	Facultativa
11	Cárcere	Obrigatória
12	Cargo Eletivo — Candidato a cargo eletivo — Lei n. 7.664, de 1988, art. 25, parágrafo único. — Celetistas em geral	Obrigatória
13	Cargo Eletivo — Candidato a cargo eletivo — Lei, Complementar n. 64, de 1990, art. 1º, inciso II, alínea "l" — Servidores públicos, estatutário ou não, dos órgãos ou entidades da Administração Direta ou Indireta da União, dos Estados, do Distrito Federal, dos Municípios e dos Territórios, inclusive das fundações mantidas pelo Poder Público.	Facultativa
14	Cessão / Requisição	Obrigatória

Cód.	Descrição	Obrigatoriedade de informação
15	Gozo de férias ou recesso — Afastamento temporário para o gozo de férias ou recesso	Obrigatória
16	Licença remunerada — Liberalidade da empresa ou Acordo/Convenção Coletiva de Trabalho	Facultativa
17	Licença-maternidade, suas antecipações ou prorrogações, conforme legislação.	Obrigatória
18	Licença-maternidade — a partir de 120 dias até 180 dias (empresa cidadã)	Obrigatória
19	Licença-maternidade — Afastamento temporário por motivo de aborto não criminoso	Obrigatória
20	Licença-maternidade — Afastamento temporário por motivo de licença-maternidade decorrente de adoção ou guarda judicial de criança	Obrigatória
21	Licença não remunerada	Obrigatória, nos casos em que o afastamento ocorreu durante todo o mês calendário, sem remuneração. Facultativa, nos demais casos
22	Mandato eleitoral — Afastamento temporário para o exercício de mandato eleitoral, sem remuneração	Obrigatória
23	Mandato eleitoral — Afastamento temporário para o exercício de mandato eleitoral, com remuneração	Facultativa
24	Mandato sindical — Afastamento temporário para exercício de mandato sindical	Obrigatória, nos casos em que o ônus é do cessionário. Facultativa nos demais casos
25	Mulher vítima de violência — Lei n. 11.340, de 2006 — art. 9º, § 2º, II — Lei Maria da Penha	Obrigatória, nos casos em que o afastamento ocorreu durante todo o mês calendário, sem remuneração. Facultativa, nos demais casos
26	Participação de empregado no Conselho Nacional de Previdência Social — CNPS (art. 3º, Lei n. 8.213/91)	Facultativa
27	Qualificação — Afastamento por suspensão do contrato de acordo com o art 476-A da CLT	Obrigatória, nos casos em que o afastamento ocorreu durante todo o mês calendário, sem remuneração. Facultativa, nos demais casos
28	Representante sindical — Afastamento pelo tempo que se fizer necessário, quando, na qualidade de representante de entidade sindical, estiver participando de reunião oficial de organismo internacional do qual o Brasil seja membro	Facultativa

Cód.	Descrição	Obrigatoriedade de informação
29	Serviço Militar — Afastamento temporário para prestar serviço militar obrigatório;	Obrigatória
30	Suspensão disciplinar — CLT, art. 474	Obrigatória, nos casos em que o afastamento ocorreu durante todo o mês calendário, sem remuneração. Facultativa, nos demais casos
31	Servidor Público em Disponibilidade	Obrigatório
33	Licença-maternidade — de 180 dias, Lei n. 13.301/2016.	Obrigatória
34	Inatividade do trabalhador avulso (portuário ou não portuário) por período superior a 90 dias	Obrigatória

21) No início da utilização do eSocial, se existirem trabalhadores afastados, é necessário o envio do evento "S-2200 — Cadastramento Inicial do Vínculo e Admissão/Ingresso do Trabalhador" com a data e motivo do respectivo afastamento, não sendo necessário o envio deste evento (S-2230).

22) Havendo alteração do motivo do afastamento, essa alteração deverá ser informada sob forma de retificação do evento de afastamento (S-2230) original, com a informação do novo motivo, bem como qual foi a origem da alteração e o número do processo, caso a origem seja administrativa ou judicial.

23) São permitidas as seguintes retificações de motivo de afastamento de acordo com a Tabela 18 — Motivos de Afastamento Temporário:

a) De 01 — Acidente/Doença do Trabalho para 03 — Acidente/Doença não relacionado ao trabalho;

b) De 03 — Acidente/Doença não relacionado ao trabalho para 01 — Acidente/Doença do Trabalho;

c) Para servidores de regime jurídico estatutário e regime administrativo especial vinculados ao RPPS, deverão ser observadas as regras da legislação do ente federativo.

24) No término do afastamento, devem ser informados a data do retorno e o código do motivo anteriormente informado.

25) As datas de início e término de um afastamento podem ser informadas em um mesmo evento quando:

a) o retorno do afastamento ocorrer antes do envio do evento;

b) no caso de férias, mesmo que o retorno ocorra nos 60 dias seguintes ao envio do evento.

26) O motivo de término de afastamento indicado deve ser igual ao motivo do início do afastamento.

27) No caso de já existir evento de desligamento para o respectivo vínculo, o evento pode ser recebido somente se referir-se ao período de vigência do contrato de trabalho, mas poderá ser marcado como inconsistente se ferir as regras de empilhamento dos eventos.

28) Para viabilizar a apuração e recolhimento dos tributos e FGTS devidos pela empresa, no caso de afastamentos previstos na Tabela 18, deve-se verificar a legislação em vigor.

29) Os afastamentos não elencados na Tabela 18 — "Motivos de Afastamentos" não devem ser informados, a menos que o empregador/contribuinte/órgão público opte por enquadrá-los no tipo 16 — "Licença remunerada — Liberalidade da empresa ou Acordo/Convenção Coletiva de Trabalho".

30) Não existe a possibilidade de se informar um novo afastamento durante um afastamento informado. É necessário informar o retorno de um afastamento para informar outro.

31) Ao excluir um evento S-2230 que contenha a informação de data de início e término de afastamento, o evento perde o efeito jurídico. Havendo a exclusão de evento apenas com a informação da data de término, o evento com a informação de data de início continua com o efeito jurídico.

32) No caso de recurso em decorrência de retificação pelo INSS do motivo de afastamento de "não relacionado ao trabalho" para "relacionado ao trabalho" em virtude da incidência do Nexo Técnico Epidemiológico Previdenciário (NTEP) é exigida a informação do processo no evento S-1070 — Tabela de Processos Administrativos/Judiciais, com o campo {tpProc} preenchido com "3" e o campo {indMatProc} preenchido com "6". Nessa situação, ocorre a suspensão da exigibilidade do recolhimento do FGTS. Além disso, deve ser feita a retificação do motivo de afastamento informado no evento S-2230 — Afastamento Temporário.

33) Se o empregado iniciou gozo de férias e o correspondente evento de afastamento foi enviado com a data do fim preenchida e houve óbito no meio das férias, o evento de afastamento deve ser retificado para não constar a data do fim. Somente após isso pode ser enviado o evento de desligamento por óbito.

34) Mesmo se tratando de empregado com contrato de trabalho intermitente, devem ser informados os afastamentos temporários, inclusive férias.

S-2240 — CONDIÇÕES AMBIENTAIS DO TRABALHO — FATORES DE RISCO

Conceito do evento: este evento é utilizado para registrar as condições ambientais de trabalho pelo empregador/contribuinte/órgão público, **indicando a** prestação de serviços, pelo trabalhador, em ambientes descritos no evento S-1060, bem como para informar a existência de exposição aos fatores de risco descritos na Tabela 23 — fatores de risco ambientais. É utilizado também para comunicar mudança dos ambientes em que o trabalhador exerce suas atividades e para comunicar o encerramento de exercício das atividades do trabalhador nestes ambientes.

Quem está obrigado: o empregador, a cooperativa, o Órgão Gestor de Mão de Obra, a parte concedente de estágio, o sindicato de trabalhadores avulsos e órgãos públicos em relação aos seus empregados e servidores vinculados ao Regime Geral de Previdência Social — RGPS. No caso de servidores vinculados ao Regime Próprio de Previdência Social — RPPS o envio da informação é facultativo.

Prazo de envio: até o dia 07 (sete) do mês subsequente ao da sua ocorrência ou antes do envio dos eventos mensais de remuneração relacionados ao trabalhador ou ainda daquele em que houver alteração ou cessação das atividades realizadas nestes ambientes.

Pré-requisitos: envio dos eventos "S-2200 — Cadastramento Inicial do Vínculo e Admissão/Ingresso de Trabalhador", "S-2300 — Trabalhadores Sem Vínculo Emprego/Estatutário — Início" e o evento "S- 1060 — Tabela de Ambientes de Trabalho".

Informações adicionais:

1) Um mesmo vínculo pode ser enquadrado em mais de um ambiente previsto no evento "S-1060 — Tabela Ambiente de Trabalho".

2) Neste evento todos os trabalhadores da empresa serão vinculados a um ambiente descrito no evento de tabela S-1060, mesmo que não haja exposição a risco, hipótese em que deverá ser informado o código 09.01.001 (Ausência de fatores de risco) da tabela 23.

3) **As informações desse evento deverão ser prestadas somente a partir da obrigatoriedade dos eventos de SST no eSocial, sendo que para o período anterior serão utilizados os procedimentos vigentes à época**.

4) As informações prestadas neste evento integrarão o Perfil Profissiográfico Previdenciário — PPP do trabalhador.

5) Deve ser informada a data a partir da qual o trabalhador passa a exercer atividade nos ambientes descritos no evento S-1060 — Tabela de Ambiente de Trabalho, a descrição das atividades desempenhadas pelo trabalhador nestes ambientes, se existe Equipamento de Proteção Coletiva (EPC) ou são utilizados Equipamentos de Proteção Individual (EPI) e ainda, se estes são eficazes ou não para neutralizar o risco. Entretanto, esta data não pode ser anterior ao início da obrigatoriedade deste evento no eSocial.

6) As informações sobre a exposição do trabalhador a fatores de risco ambientais devem ser registradas ainda que esteja neutralizada, atenuada ou exista proteção eficaz.

7) Caso a empresa forneça EPI **devem ser prestadas as informações sobre o atendimento aos requisitos das NR-6 e NR-9 do Ministério do Trabalho e Emprego**.

8) Equipamento de proteção coletiva — EPC eficaz significa a implantação de dispositivo de proteção que, de forma coletiva, não permitirá que nenhum trabalhador, em nenhum momento, esteja exposto aos fatores de riscos no trabalho a valores acima dos limites de tolerância definidos e regulamentados.

9) **O exercício de atividade em um dos ambientes com exposição a fatores de risco não implica necessariamente em condições para concessão da aposentadoria especial**.

10) No campo {tecMedicao} **deve ser mencionada a norma cuja metodologia foi utilizada na mensuração do agente nocivo**, e não apenas o nome do equipamento ou da metodologia utilizada.

11) **Deve ser informada neste evento a descrição das atividades, físicas ou mentais, realizadas pelo trabalhador**. As atividades deverão ser descritas **com exatidão e de forma sucinta**, de forma que permita a sua correta compreensão e delimitação.

12) Em caso de registros de ambientes de trabalho localizados no exterior, os campos do grupo {respReg} deverão ser preenchidos com as informações do responsável pelo PPRA no Brasil.

13) Os riscos ergonômicos devem ser informados de acordo com as explicações que constam na tabela abaixo:

04.01.000	ERGONÔMICO — BIOMECÂNICOS	ORIENTAÇÃO DE PREENCHIMENTO
04.01.001	Exigência de posturas incômodas ou pouco confortáveis por longos períodos	Aplicável às situações em que o trabalhador, para exercer sua atividade, necessita adotar posturas incômodas ou desconfortáveis durante longos períodos ou várias vezes durante a jornada de trabalho.
04.01.002	Postura sentada por longos períodos	Aplicável às situações em que o trabalhador, para exercer sua atividade, necessita permanecer sentado por longos períodos contínuos durante a jornada de trabalho.
04.01.003	Postura de pé por longos períodos	Aplicável às situações em que o trabalhador, para exercer sua atividade, necessita ficar de pé por longos períodos contínuos durante a jornada de trabalho.

04.01.004	Constante deslocamento a pé durante a jornada de trabalho	Aplicável às situações em que o trabalhador, para exercer sua atividade, necessita se deslocar a pé por longos períodos contínuos durante a jornada de trabalho.
04.01.005	Exigência de esforço físico intenso	Aplicável às situações em que o trabalhador, para exercer sua atividade, necessita realizar esforço físico intenso, de toda e qualquer natureza.
04.01.006	Levantamento e transporte manual de cargas ou volumes	Aplicável às situações em que o trabalhador, para exercer sua atividade, necessita fazer regularmente o levantamento e o transporte manual de cargas ou volumes de maneira contínua ou mesmo descontínua.
04.01.007	Frequente ação de puxar/empurrar cargas ou volumes	Aplicável às situações em que o trabalhador, para exercer sua atividade, necessita realizar esforço físico para puxar e/ou empurrar cargas ou volumes de toda e qualquer natureza.
04.01.008	Frequente execução de movimentos repetitivos	Aplicável às situações em que o trabalhador, para exercer sua atividade, necessita exercer o mesmo movimento repetidamente por períodos contínuos durante a jornada de trabalho.
04.01.009	Manuseio de ferramentas e/ou objetos pesados por períodos prolongados	Aplicável às situações em que o trabalhador, para exercer sua atividade, necessita manusear ferramentas e/ou objetos pesados por longos períodos durante a jornada de trabalho.
04.01.010	Outros	Outras situações que possam ser relacionadas às estruturas e/ou ao sistema locomotor do corpo humano.
04.02.000	**ERGONÔMICO — MOBILIÁRIO E EQUIPAMENTOS**	**ORIENTAÇÃO DE PREENCHIMENTO**
04.02.001	Mobiliário sem meios de regulagem de ajuste	Aplicável às situações em que o trabalhador, para exercer sua atividade, não disponha de meios de regulagem de ajuste em seu mobiliário de trabalho (mesa, bancada, estação de trabalho, cadeira e banco).
04.02.002	Equipamentos e/ou máquinas sem meios de regulagem de ajuste ou sem condições de uso	Aplicável às situações em que o trabalhador, para exercer sua atividade, disponha de equipamentos ou máquinas que estejam sem condições de uso ou não possuam meios de regulagem para ajuste.
04.02.003	Outros	Outras situações que possam ser relacionadas às questões de mobiliário e equipamentos não mencionadas acima.
04.03.000	**ERGONÔMICO — ORGANIZACIONAIS**	**ORIENTAÇÃO DE PREENCHIMENTO**
04.03.001	Ausência de pausas para descanso ou não cumprimento destas durante a jornada	Aplicável às situações em que o trabalhador, para exercer sua atividade, não disponha da possibilidade de fazer interrupções periódicas para descanso durante a jornada de trabalho.

04.03.002	Necessidade de manter ritmos intensos de trabalho	Aplicável às situações em que o trabalhador necessita manter um ritmo intenso de trabalho, seja físico ou mental, para cumprir suas atividades.
04.03.003	Trabalho com necessidade de variação de turnos	Aplicável às situações em que o trabalhador necessita exercer sua atividade em jornadas de trabalho escalonadas que podem ter turnos variáveis entre matutino, vespertino e noturno.
04.03.004	Monotonia	Aplicável às situações em que o trabalhador esteja alocado em ambiente uniforme, pobre em estímulos ou pouco excitantes e executa o mesmo tipo de tarefa continuamente durante a jornada de trabalho.
04.03.005	Ausência de um plano de capacitação, habilitação, reciclagem e atualização dos empregados	Aplicável às situações em que o empregado não participa de um plano de desenvolvimento profissional, não recebe instruções formais de trabalho, cursos ou treinamentos relacionados à sua área de atuação.
04.03.006	Cobrança de metas de impossível atingimento	Aplicável às situações em que o trabalhador é cobrado por metas de produtividade que não estão de acordo com a sua realidade de alcance.
04.03.007	Outros	Outras situações que possam ser relacionadas à organização do trabalho.
04.04.000	**ERGONÔMICO — PSICOSSOCIAIS / COGNITIVOS**	**ORIENTAÇÃO DE PREENCHIMENTO**
04.04.001	Situações de estresse	Aplicável às situações em que o trabalhador sofre exigências físicas ou mentais exageradas. Estas exigências podem estar relacionadas ao conteúdo ou às condições de trabalho, aos fatores organizacionais ou a pressões econômico-sociais.
04.04.002	Situações de sobrecarga de trabalho mental	Aplicável às situações em que o empregado realiza trabalho de alta exigência mental, que envolva muitas tarefas e grandes responsabilidades.
04.04.003	Exigência de alto nível de concentração ou atenção	Aplicável às situações em que o empregado necessita de alto nível de concentração ou atenção para realizar suas atividades.
04.04.004	Meios de comunicação ineficientes	Aplicável às situações em que os sistemas de comunicação, de todas as naturezas, são falhos ou ineficientes para que o empregado consiga realizar suas atividades.
04.04.005	Outros	Outras situações que possam ser relacionadas às questões que envolvam processos mentais de percepção, memória, juízo e/ou raciocínio, bem como aspectos psicológicos e sociais.

14) Em caso de registros de ambientes de trabalho localizados no exterior, os campos do grupo {respReg} deverão ser preenchidos com as informações do responsável pelo PPRA no Brasil.

S-2241 — INSALUBRIDADE, PERICULOSIDADE E APOSENTADORIA ESPECIAL

Conceito do evento: este evento é utilizado pelo empregador/contribuinte/ órgão público para registrar os **fatores de risco descritos na Tabela 23** — Fatores de Risco Ambientais, que criam condições de insalubridade ou periculosidade no ambiente de trabalho, bem como a sujeição aos fatores de risco que ensejam a concessão da aposentadoria especial e o dever do respectivo custeio.

O evento também é utilizado para comunicar mudança nas condições e nos ambientes sujeitos a fatores de risco e para comunicar o encerramento de exercício das atividades do trabalhador nestes ambientes.

Quem está obrigado: o empregador, a cooperativa, o Órgão Gestor de Mão de Obra, a parte concedente de estágio, o sindicato de trabalhadores avulsos. No caso de servidores vinculados ao Regime Próprio de Previdência Social — RPPS o envio da informação é facultativo.

Quanto aos órgãos públicos para seus empregados e servidores vinculados ao Regime Geral de Previdência Social — RGPS devem ser observadas as seguintes regras:

a) Contratação pelas regras da CLT: todas as informações do evento S-2241 são obrigatórias, inclusive as relacionadas a insalubridade e periculosidade;

b) Formas de contratação diversas da CLT (estatutário, regime administrativo especial etc.): o evento S-2241 deverá ser enviado, excetuando as informações relacionadas a insalubridade e periculosidade.

Prazo de envio: até o dia 07 (sete) do mês subsequente ao da sua ocorrência ou antes do envio dos eventos mensais de remuneração, relacionados ao trabalhador que fizer jus ao pagamento de adicional pelo exercício de trabalho insalubre ou perigoso, e/ou que esteja sujeito a condições especiais para fins de aposentadoria especial, ou quando houver alteração ou cessação das atividades realizadas nestes ambientes.

Pré-requisitos: envio dos eventos "S-2200 — Cadastramento Inicial do Vínculo e Admissão/Ingresso de Trabalhador" ou "S-2300 — Trabalhadores Sem Vínculo Emprego/Estatutário — Início" e "S- 1060 — Tabela de Ambientes de Trabalho".

Informações adicionais:

1) O evento somente será informado caso a exposição aos fatores de risco descritos na tabela S-2240 seja fato gerador dos adicionais de insalubridade ou periculosidade ou se for condição especial que enseje o pagamento do adicional do SAT para o financiamento da aposentadoria especial.

2) As informações desse evento deverão ser prestadas **somente a partir da obrigatoriedade dos eventos de SST no eSocial**, sendo que para o período anterior serão utilizados os procedimentos vigentes à época.

3) **Deve ser informada a data a partir da qual o trabalhador passa a exercer atividade em condições insalubres ou perigosas, assim como em ambientes com exposição a fatores de risco que possam ensejar a concessão de aposentadoria especial**, conforme ambientes descritos no evento "S-1060 — Tabela de Ambientes de Trabalho". Entretanto, esta data não pode ser anterior ao início da obrigatoriedade deste evento no eSocial.

4) Quando se tratar de ambientes insalubres ou perigosos, o empregador **deve informar, no campo {CodFatRis}, do grupo [insalPeric], o código do fator de risco ao qual o trabalhador está submetido, conforme descrito na Tabela 23**.

5) Na ocorrência de fatores de risco que acarretem o dever de recolher o adicional para o financiamento da aposentadoria especial o campo {CodFatRis}, do grupo [aposentadoria], deve ser preenchido com um código obtido na Tabela 23.

6) A existência concomitante das condições de insalubridade e periculosidade deve ser informada. Essa condição não implica incidência de mais de um adicional sobre a remuneração do empregado.

7) Em caso de registros de ambientes de trabalho localizados no exterior, os campos do grupo {respReg} deverão ser preenchidos com as informações do responsável pelo PPRA no Brasil.

6. Tabelas do eSocial Relacionadas com Saúde e Segurança do Trabalho

Tabela 13 — Parte do Corpo Atingida	
Código	**Descrição**
753030000	Crânio (inclusive encéfalo)
753050000	Ouvido (externo, médio, interno, audição e equilíbrio)
753070100	Olho (inclusive nervo ótico e visão)
753070300	Nariz (inclusive fossas nasais, seios da face e olfato)
753070500	Boca (inclusive lábios, dentes, língua, garganta e paladar)
753070700	Mandíbula (inclusive queixo)
753070800	Face, partes múltiplas (qualquer combinação das partes acima)
753080000	Cabeça, partes múltiplas (qualquer combinação das partes acima)
753090000	Cabeça, NIC
753510000	Braço (entre o punho e o ombro)
753510200	Braço (acima do cotovelo)
754000000	Pescoço
755010400	Cotovelo
755010600	Antebraço (entre o punho e o cotovelo)
755030000	Punho
755050000	Mão (exceto punho ou dedos)
755070000	Dedo
755080000	Membros superiores, partes múltiplas (qualquer combinação das partes acima)
755090000	Membros superiores, NIC
756020000	Ombro
756030000	Tórax (inclusive órgãos internos)
756040000	Dorso (inclusive músculos dorsais, coluna e medula espinhal)
756050000	Abdome (inclusive órgãos internos)
756060000	Quadris (inclusive pélvis, órgãos pélvicos e nádegas)
756070000	Tronco, partes múltiplas (qualquer combinação das partes acima)
756090000	Tronco, NIC
757010000	Perna (entre o tornozelo e a pélvis)
757010200	Coxa

Tabela 13 — Parte do Corpo Atingida

Código	Descrição
757010400	Joelho
757010600	Perna (do tornozelo, exclusive, ao joelho, exclusive)
757030000	Articulação do tornozelo
757050000	Pé (exceto artelhos)
757070000	Artelho
757080000	Membros inferiores, partes múltiplas (qualquer combinação das partes acima)
757090000	Membros inferiores, NIC
758000000	Partes múltiplas. Aplica-se quando mais de uma parte importante do corpo for afetada, como, por exemplo, um braço e uma perna
758500000	Sistemas e aparelhos. Aplica-se quando o funcionamento de todo um sistema ou aparelho do corpo humano for afetado, sem lesão específica de qualquer outra parte, como no caso do envenenamento, ação corrosiva que afete órgãos internos, lesão dos centros nervosos etc. Não se aplica quando a lesão sistêmica for provocada por lesão externa, como lesão dorsal que afete nervos da medula espinhal.
758520000	Aparelho circulatório
758530000	Aparelho respiratório
758540000	Sistema nervoso
758550000	Aparelho digestivo
758560000	Aparelho gênito-urinário
758570000	Sistema musculoesquelético
758590000	Sistemas e aparelhos, NIC
759000000	Localização da lesão, NIC

Tabela 14 — Agente Causador do Acidente de Trabalho

Código	Descrição
302010200	Rua e estrada — superfície utilizada para sustentar pessoas
302010250	Calçada ou caminho para pedestre — superfície utilizada para sustentar pessoas
302010300	Piso de edifício — superfície utilizada para sustentar pessoas
302010350	Escada permanente cujos degraus permitem apoio integral do pé, degrau — superfície utilizada para sustentar pessoas
302010400	Rampa — superfície utilizada para sustentar pessoas
302010450	Passarela ou plataforma permanentes — superfície utilizada para sustentar pessoas
302010500	Piso de mina — superfície utilizada para sustentar pessoas

Tabela 14 — Agente Causador do Acidente de Trabalho	
Código	Descrição
302010550	Chão — superfície utilizada para sustentar pessoas
302010600	Piso de andaime e plataforma desmontável — superfície utilizada para sustentar pessoas
302010650	Piso de veículo — superfície utilizada para sustentar pessoas
302010700	Telhado
302010900	Superfície de sustentação, NIC — superfície utilizada para sustentar pessoas
302030900	Escada móvel ou fixada, NIC
302050100	Edifício — edifício ou estrutura
302050200	Depósito fixo (tanque, silo, paiol etc.) — edifício ou estrutura
302050300	Cais, doca — edifício ou estrutura
302050400	Dique, barragem — edifício ou estrutura
302050500	Ponte, viaduto — edifício ou estrutura
302050600	Arquibancada, estádio — edifício ou estrutura
302050700	Andaime, plataforma — edifício ou estrutura
302050800	Torre, poste — edifício ou estrutura
302050900	Edifício ou estrutura (exceto piso, superfície de sustentação ou área de circulação), NIC
302070100	Escavação (para edifício, estrada etc.)
302070300	Canal, fosso
302070500	Poço, entrada, galeria etc., de mina
302070700	Túnel
302070900	Escavação, fosso, túnel, NIC
302090000	Superfície e estrutura, NIC
303010040	Martelo, malho, marreta — ferramenta manual sem força motriz
303010080	Machadinha, enxó — ferramenta manual sem força motriz
303010120	Faca, facão — ferramenta manual sem força motriz
303010160	Tesoura, tesourão — ferramenta manual sem força motriz
303010200	Formão, cinzel — ferramenta manual sem força motriz
303010240	Serra, serrote — ferramenta manual sem força motriz
303010280	Alicate, torquês, tenaz — ferramenta manual sem força motriz
303010320	Plaina — ferramenta manual sem força motriz
303010360	Lima, grosa — ferramenta manual sem força motriz
303010400	Punção, ponteiro, vazador, talhadeira — ferramenta manual sem força motriz

Tabela 14 — Agente Causador do Acidente de Trabalho	
Código	Descrição
303010440	Pua, trado, verruma, máquina de furar manual — ferramenta manual sem força motriz
303010480	Chave de parafuso — ferramenta manual sem força motriz
303010520	chave de porca ou de abertura regulável, chave de boca — ferramenta manual sem força motriz
303010560	Alavanca, pé-de-cabra — ferramenta manual sem força motriz
303010600	Corda, cabo, corrente — ferramenta manual sem força motriz
303010640	Machado — ferramenta manual sem força motriz
303010680	Enxada, enxadão, sacho — ferramenta manual sem força motriz
303010720	Pá, cavadeira — ferramenta manual sem força motriz
303010760	Picareta — ferramenta manual sem força motriz
303010800	Garfo, ancinho, forcado — ferramenta manual sem força motriz
303010900	Ferramenta manual sem força motriz, NIC
303015050	Martelete, socador — ferramenta portátil com força motriz ou aquecimento
303015100	Talhadeira — ferramenta portátil com força motriz ou aquecimento
303015150	Cortadeira, guilhotina — ferramenta portátil com força motriz ou aquecimento
303015200	Serra — ferramenta portátil com força motriz ou aquecimento
303015250	Punção, ponteiro, vazador — ferramenta portátil com força motriz ou aquecimento
303015300	Perfuratriz — ferramenta portátil com força motriz ou aquecimento
303015350	Rebitadeira — ferramenta portátil com força motriz ou aquecimento
303015400	Máquina de aparafusar — ferramenta portátil com força motriz ou aquecimento
303015450	Esmeril — ferramenta portátil com força motriz ou aquecimento
303015500	Politriz, enceradeira — ferramenta portátil com força motriz ou aquecimento
303015550	Ferro de passar — ferramenta portátil com força motriz ou aquecimento
303015600	Ferramenta de soldagem — ferramenta portátil com força motriz ou aquecimento
303015650	Maçarico — ferramenta portátil com força motriz ou aquecimento
303015700	Ferramenta acionada por explosivo — ferramenta portátil com força motriz ou aquecimento
303015750	Jato de areia — ferramenta portátil com força motriz ou aquecimento
303015900	Ferramenta portátil com forca motriz ou aquecimento, NIC
303020040	Serra — máquina

Tabela 14 — Agente Causador do Acidente de Trabalho	
Código	Descrição
303020080	Tesoura, guilhotina, máquina de cortar — máquina
303020120	Laminadora, calandra — máquina
303020160	Furadeira, broqueadeira, torno, freza — máquina
303020200	Prensa — máquina
303020240	Plaina, tupia — máquina
303020280	Máquina de fundir, de forjar, de soldar
303020320	Britador, moinho — máquina
303020360	Misturador, batedeira, agitador — máquina
303020400	Peneira mecânica, máquina separadora — máquina
303020440	Politriz, lixadora, esmeril — máquina
303020480	Máquina de terraplenagem e construção de estrada
303020520	Máquina de mineração e perfuração (de túnel, poço etc.)
303020560	Máquina agrícola
303020600	Máquina têxtil
303020640	Máquina de costurar e de pespontar
303020680	Máquina de imprimir
303020720	Máquina de escritório
303020760	Máquina de embalar ou empacotar
303020900	Máquina, NIC
303025300	Transportador por gravidade
303025600	Transportador com força motriz
303025900	Transportador, NIC
303030050	Guindaste — equipamento de guindar
303030100	Ponte rolante — equipamento de guindar
303030150	Elevador — equipamento de guindar
303030200	Elevador de caçamba para mineração — equipamento de guindar
303030250	Pá mecânica, draga — equipamento de guindar
303030300	Talha — equipamento de guindar
303030350	Pau de carga — equipamento de guindar
303030400	Macaco (mecânico, hidráulico, pneumático) — equipamento de guindar
303030450	Guincho pneumático — equipamento de guindar
303030500	Guincho elétrico — equipamento de guindar

Tabela 14 — Agente Causador do Acidente de Trabalho	
Código	Descrição
303030900	Equipamento de guindar, NIC
303035300	Correia — dispositivo de transmissão de energia mecânica
303035400	Corrente, corda, cabo — dispositivo de transmissão de energia mecânica
303035500	Tambor, polia, roldana — dispositivo de transmissão de energia mecânica
303035600	Embreagem de fricção — dispositivo de transmissão de energia mecânica
303035700	Engrenagem — dispositivo de transmissão de energia mecânica
303035900	Dispositivo de transmissão de energia mecânica, NIC
303040100	Gerador — equipamento elétrico
303040200	Condutor — equipamento elétrico
303040300	Transformador, conversor — equipamento elétrico
303040400	Painel de controle, barramento, chave, interruptor, disjuntor, fusível — equipamento elétrico
303040500	Reostato, dispositivo de partida e aparelho de controle, capacitor, retificador, bateria de acumuladores — equipamento elétrico
303040600	Motor elétrico — equipamento elétrico
303040700	Equipamento magnético — equipamento elétrico
303040750	Equipamento eletrolítico — equipamento elétrico
303040800	Equipamento de aquecimento elétrico — equipamento elétrico
303040900	Equipamento elétrico, NIC
303045200	Motor (combustão interna, vapor)
303045400	Bomba
303045600	Turbina
303045900	Motor, bomba, turbina, NIC
303050200	Caldeira
303050400	Vaso sob pressão (para líquido, gás ou vapor)
303050600	Tubo sob pressão (mangueira ou tubo para liquido, gás ou vapor)
303050900	Caldeira, vaso sob pressão, NIC
303055200	Caixão pneumático — equipamento para trabalho em ambiente de pressão anormal
303055400	Escafandro — equipamento para trabalho em ambiente de pressão anormal
303055600	Equipamento de mergulho — equipamento para trabalho em ambiente de pressão anormal
303055900	Equipamento para trabalho em ambiente de pressão anormal, NIC

Tabela 14 — Agente Causador do Acidente de Trabalho	
Código	Descrição
303060000	Forno, estufa, retorta, aquecedor de ambiente, fogão etc., exceto quando a lesão principal for choque elétrico ou eletroplessão — equipamento de aquecimento
303065000	Equipamento emissor de radiação não ionizante
303065300	Equipamento de iluminação — equipamento emissor de radiação não ionizante
303065600	Arco elétrico — equipamento emissor de radiação não ionizante
303065900	Equipamento emissor de radiação não ionizante, NIC
303066300	Equipamento de iluminação
303066600	Arco elétrico
303070200	Equipamento de raios X — equipamento ou substância emissores de radiação ionizante
303070400	Reator (inclui combustível e resíduo) — equipamento ou substância emissores de radiação ionizante
303070600	Fonte de radioisótopo — equipamento ou substância emissores de radiação ionizante
303070900	Equipamento ou substância emissores de radiação ionizante, NIC
303075100	Bicicleta
303075150	Triciclo
303075200	Motocicleta, motoneta
303075250	Veículo rodoviário motorizado
303075300	Veículo sobre trilho
303075350	Veículo aquático
303075400	Aeronave
303075450	Empilhadeira
303075500	Rebocador mecânico, mula mecânica
303075550	Carro-de-mão
303075600	Trator
303075650	Veículo de terraplenagem
303075700	Veículo de tração animal
303075750	Veículo deslizante
303075800	Veículo funicular (tração por cabo)
303075900	Veículo, NIC
303090000	Ferramenta, máquina, equipamento, veículo, NIC
305004100	Composto metálico (de chumbo, mercúrio, zinco, cádmio, cromo etc.)

\multicolumn{2}{c}{Tabela 14 — Agente Causador do Acidente de Trabalho}
Código	Descrição
305004150	Composto de arsênio
305004200	Gás carbônico (dióxido de carbono, CO_2)
305004250	Monóxido de carbono (CO)
305004300	Óxidos de nitrogênio (vapores nitrosos)
305004350	Ácido
305004400	Álcali
305004450	Composto de fósforo
305004500	Dissulfeto de carbono
305004550	Cianeto ou composto de cianogênio
305004600	Álcool
305004650	Tetracloreto de carbono
305004700	Composto orgânico halogenado (tricloretileno, percloretileno, cloreto de metilo, substâncias refrigerantes)
305004750	Composto aromático (benzol, toluol, xilol, anilina etc.)
305004900	Substância química, NIC
305008500	Água — usar quando o estado líquido contribuir preponderantemente para a ocorrência
305008900	Líquido, NIC
305020000	Partículas — não identificadas
305024100	Pele, crina, pelo, lã (em bruto) — produto animal
305024300	Pena — produto animal
305024500	Couro cru ou curtido — produto animal
305024700	Osso — produto animal
305024900	Produto animal, NIC
305028000	Madeira (toro, madeira serrada, pranchão, poste, barrote, ripa e produto de madeira)
305032000	Produto mineral metálico — produto de mineração em bruto ou beneficiado, como minério e concentrado de minério
305032500	Metal — inclui liga ferrosa e não ferrosa, tubo, placa, perfil, trilho, vergalhão, arame, porca, rebite, prego etc. inclui metal fundido, lingote e sucata de fundição, exceto minério
305036000	Produto mineral não metálico — produto de mineração, escavação, desbarrancamento etc., como detrito, argila, areia, cascalho, pedra etc.
305040100	Petróleo bruto, bruto reduzido
305040150	Asfalto, alcatrão, piche

Tabela 14 — Agente Causador do Acidente de Trabalho	
Código	Descrição
305040200	Óleo combustível
305040250	Parafina, óleo lubrificante e de corte, graxas
305040300	Gasóleo, óleo diesel
305040350	Querosene
305040400	Nafta e solvente de nafta (éter de petróleo, álcool mineral, solvente aromático etc.)
305040450	Gasolina (exceto quando a ocorrência for causada preponderantemente por composto de chumbo)
305040500	Hidrocarboneto gasoso (inclui gás liquefeito, gás encanado de nafta, gás natural)
305040600	Carvão
305040650	Coque
305040700	Gás encanado de carvão
305040900	Produto de petróleo e de carvão, NIC
305044000	Vidraria, fibra de vidro, lâmina etc., exceto frasco, garrafa
305048000	Cerâmica
305048300	Tijolo e telha — cerâmica
305048400	Louça de mesa e outros utensílios (de porcelana, barro etc.) — cerâmica
305048500	Tubo, manilha — cerâmica
305048600	Revestimento cerâmico (azulejo, mosaico etc.) — cerâmica
305048700	Louca sanitária (pia, vaso sanitário etc.) — cerâmica
305048900	Cerâmica, NIC
305052000	Têxteis — inclui fibras animais após o primeiro desengorduramento e limpeza, fibras vegetais e sintéticas (exceto vidro), fio, linha, tecido, passamanaria, feltro e produtos têxteis em geral
305056000	Plástico — inclui pó, folha, trefilado, barra, perfil etc., não incluindo produto a ser usado no fabrico de plástico
305060000	Papel e pasta para papel
305064000	Produtos alimentícios inclui carne, leite e derivados, legumes, frutas, cereais e derivados
305064300	Carne e derivados — inclusive de origem animal
305064400	Leite e derivados — inclusive de origem animal
305064500	Legume, verdura e derivados
305064600	Fruta e derivados
305064700	Cereal e derivados

Tabela 14 — Agente Causador do Acidente de Trabalho	
Código	Descrição
305064900	Produto alimentício — inclusive de origem animal, NIC
305068300	Medicamento em geral (exceto produto biológico)
305068600	Produto biológico (soro, toxina, antitoxina, vacina, plasma) — medicamento
305072000	Produto de limpeza, sabão, detergente
305076000	Sucata, entulho, resíduo
305090000	Substância química, material, produto, NIC
306020000	Animal vivo
306040000	Vegetal — planta, árvore, em estado natural, não beneficiada (não inclui grão debulhado, fruto colhido, toro mesmo com galho)
306060000	Agente infeccioso ou parasitário — inclui bactéria, fungo, organismo parasitário, vírus etc., não incluindo produto químico, preparado farmacêutico ou alimento
306090000	Ser vivo, NIC
307030100	Cadeira, banco — mobiliário e acessórios
307030200	Mesa, carteira, exceto mesa elástica desmontável — mobiliário e acessórios
307030250	Mesa elástica desmontável — mobiliário e acessórios
307030300	Balcão, bancada — mobiliário e acessórios
307030400	Arquivo, fichário, estante — mobiliário e acessórios
307030500	Tapete, forração de piso, capacho — mobiliário e acessórios
307030600	Luminária, globo, lâmpada — mobiliário e acessórios
307030900	Mobiliário e acessórios, NIC
307040100	Caixa, engradado, caixote — embalagem, recipiente, vazio ou cheio
307040300	Frasco, garrafa — embalagem, recipiente, vazio ou cheio
307040500	Barril, barrica, barrilete, tambor — embalagem, recipiente, vazio ou cheio
307040700	Tanque, cilindro (transportáveis e não sob pressão) — embalagem, recipiente, vazio ou cheio
307040900	Embalagem e recipiente, vazio ou cheio, NIC
307050900	Vestuário, NIC
307070000	Área ou ambiente de trabalho — o agente do acidente ocorrido em consequência de fenômeno atmosférico, meteoro etc., assim como da ação da radiação solar, deverá ser incluído neste item
309000000	Agente do acidente, NIC
309500000	Agente do acidente inexistente
354000000	Energia

Tabela 14 — Agente Causador do Acidente de Trabalho

Código	Descrição
354010300	Pressão ambiente alta trabalho em caixão pneumático mergulho
354010600	Pressão ambiente baixa, ar rarefeito
354020000	Ruído
354040000	Fogo, chama, material incandescente ou quente, fumaça
354050300	Temperatura ambiente — não inclui a de objeto ou substância quente
355016000	Aerodispersóides
355016600	Neblina
355016800	Gás e vapor

Tabela 15 — Agente Causador / Situação Geradora de Doença Profissional

Código	Descrição
200004300	Impacto de pessoa contra objeto parado. Aplica-se a casos em que a lesão foi produzida por impacto da pessoa acidentada contra a fonte da lesão, tendo sido o movimento que produziu o contato originalmente o da pessoa e não o da fonte da lesão, exceto quando o movimento do acidentado tiver sido provocado por queda. Inclui casos de alguém chocar-se contra alguma coisa, tropeçar em alguma coisa, ser empurrado ou projetado contra alguma coisa etc. Não inclui casos de salto para nível inferior.
200004600	Impacto de pessoa contra objeto em movimento. Aplica-se a casos em que a lesão foi produzida por impacto da pessoa acidentada contra a fonte da lesão, tendo sido o movimento que produziu o contato originalmente o da pessoa e não o da fonte da lesão, exceto quando o movimento do acidentado tiver sido provocado por queda. Inclui casos de alguém chocar-se contra alguma coisa, tropeçar em alguma coisa, ser empurrado ou projetado contra alguma coisa etc. Não inclui casos de salto para nível inferior.
200008300	Impacto sofrido por pessoa, de objeto que cai. Aplica-se a casos em que a lesão foi produzida por impacto entre o acidentado e a fonte da lesão, tendo sido da fonte da lesão e não do acidentado o movimento que originou o contato.
200008600	Impacto sofrido por pessoa, de objeto projetado. Aplica-se a casos em que a lesão foi produzida por impacto entre o acidentado e a fonte da lesão, tendo sido da fonte da lesão e não do acidentado o movimento que originou o contato.
200008900	Impacto sofrido por pessoa, NIC. Aplica-se a casos em que a lesão foi produzida por impacto entre o acidentado e a fonte da lesão, tendo sido da fonte da lesão e não do acidentado o movimento que originou o contato.
200012200	Queda de pessoa com diferença de nível de andaime, passagem, plataforma etc. Aplica-se a casos em que a lesão foi produzida por impacto entre o acidentado e a fonte da lesão, tendo sido do acidentado o movimento que produziu o contato, nas seguintes circunstâncias: 1) O movimento do acidentado foi devido à ação da gravidade. 2) O ponto de contato com a fonte da lesão estava abaixo da superfície que suportava o acidentado no início da queda. Inclui salto para nível inferior.

Tabela 15 — Agente Causador / Situação Geradora de Doença Profissional	
Código	Descrição
200012300	Queda de pessoa com diferença de nível de escada móvel ou fixada cujos degraus não permitem o apoio integral do pé. Aplica-se a casos em que a lesão foi produzida por impacto entre o acidentado e a fonte da lesão, tendo sido do acidentado o movimento que produziu o contato, nas seguintes circunstâncias: 1) O movimento do acidentado foi devido à ação da gravidade. 2) O ponto de contato com a fonte da lesão estava abaixo da superfície que suportava o acidentado no início da queda. Inclui salto para nível inferior.
200012400	Queda de pessoa com diferença de nível de material empilhado. Aplica-se a casos em que a lesão foi produzida por impacto entre o acidentado e a fonte da lesão, tendo sido do acidentado o movimento que produziu o contato, nas seguintes circunstâncias: 1) O movimento do acidentado foi devido à ação da gravidade. 2) O ponto de contato com a fonte da lesão estava abaixo da superfície que suportava o acidentado no início da queda. Inclui salto para nível inferior.
200012500	Queda de pessoa com diferença de nível de veículo. Aplica-se a casos em que a lesão foi produzida por impacto entre o acidentado e a fonte da lesão, tendo sido do acidentado o movimento que produziu o contato, nas seguintes circunstâncias: 1) O movimento do acidentado foi devido à ação da gravidade. 2) O ponto de contato com a fonte da lesão estava abaixo da superfície que suportava o acidentado no início da queda. Inclui salto para nível inferior.
200012600	Queda de pessoa com diferença de nível em escada permanente cujos degraus permitem apoio integral do pé. Aplica-se a casos em que a lesão foi produzida por impacto entre o acidentado e a fonte da lesão, tendo sido do acidentado o movimento que produziu o contato, nas seguintes circunstâncias: 1) O movimento do acidentado foi devido à ação da gravidade. 2) O ponto de contato com a fonte da lesão estava abaixo da superfície que suportava o acidentado no início da queda. Inclui salto para nível inferior.
200012700	Queda de pessoa com diferença de nível em poço, escavação, abertura no piso etc. (da borda da abertura). Aplica-se a casos em que a lesão foi produzida por impacto entre o acidentado e a fonte da lesão, tendo sido do acidentado o movimento que produziu o contato, nas seguintes circunstâncias: 1) O movimento do acidentado foi devido à ação da gravidade. 2) O ponto de contato com a fonte da lesão estava abaixo da superfície que suportava o acidentado no início da queda. Inclui salto para nível inferior.
200012900	Queda de pessoa com diferença de nível, NIC. Aplica-se a casos em que a lesão foi produzida por impacto entre o acidentado e a fonte da lesão, tendo sido do acidentado o movimento que produziu o contato, nas seguintes circunstâncias: 1) O movimento do acidentado foi devido à ação da gravidade. 2) O ponto de contato com a fonte da lesão estava abaixo da superfície que suportava o acidentado no início da queda. Inclui salto para nível inferior.
200016300	Queda de pessoa em mesmo nível em passagem ou superfície de sustentação. Aplica-se a casos em que a lesão foi produzida por Impacto entre o acidentado e um objeto externo, tendo sido do acidentado o movimento que produziu o contato, nas seguintes circunstâncias: 1) O movimento do acidentado foi devido à ação da gravidade com perda do equilíbrio e impossibilidade de manter-se de pé. 2) O ponto de contato com a fonte da lesão estava, no momento do início da queda, ao nível ou acima da superfície que suportava o acidentado.

Tabela 15 — Agente Causador / Situação Geradora de Doença Profissional	
Código	Descrição
200016600	Queda de pessoa em mesmo nível sobre ou contra alguma coisa. Aplica-se a casos em que a lesão foi produzida por Impacto entre o acidentado e um objeto externo, tendo sido do acidentado o movimento que produziu o contato, nas seguintes circunstâncias: 1) O movimento do acidentado foi devido à ação da gravidade com perda do equilíbrio e impossibilidade de manter-se de pé. 2) O ponto de contato com a fonte da lesão estava, no momento do início da queda, ao nível ou acima da superfície que suportava o acidentado.
200016900	Queda de pessoa em mesmo nível, NIC. Aplica-se a casos em que a lesão foi produzida por Impacto entre o acidentado e um objeto externo, tendo sido do acidentado o movimento que produziu o contato, nas seguintes circunstâncias: 1) O movimento do acidentado foi devido à ação da gravidade com perda do equilíbrio e impossibilidade de manter-se de pé. 2) O ponto de contato com a fonte da lesão estava, no momento do início da queda, ao nível ou acima da superfície que suportava o acidentado.
200020100	Aprisionamento em, sob ou entre objetos em movimento convergente (calandra) ou de encaixe. Aplica-se a casos, sem impacto, em que a lesão foi produzida por compressão, pinçamento ou esmagamento entre um objeto em movimento e outro parado, entre dois objetos em movimento ou entre partes de um mesmo objeto. Não se aplica quando a fonte da lesão for um objeto livremente projetado ou em queda livre.
200020300	Aprisionamento em, sob ou entre um objeto parado e outro em movimento. Aplica-se a casos, sem impacto, em que a lesão foi produzida por compressão, pinçamento ou esmagamento entre um objeto em movimento e outro parado, entre dois objetos em movimento ou entre partes de um mesmo objeto. Não se aplica quando a fonte da lesão for um objeto livremente projetado ou em queda livre.
200020500	Aprisionamento em, sob ou entre dois ou mais objetos em movimento (sem encaixe). Aplica-se a casos, sem impacto, em que a lesão foi produzida por compressão, pinçamento ou esmagamento entre um objeto em movimento e outro parado, entre dois objetos em movimento ou entre partes de um mesmo objeto. Não se aplica quando a fonte da lesão for um objeto livremente projetado ou em queda livre.
200020700	Aprisionamento em, sob ou entre desabamento ou desmoronamento de edificação, barreira etc. Aplica-se a casos, sem impacto, em que a lesão foi produzida por compressão, pinçamento ou esmagamento entre um objeto em movimento e outro parado, entre dois objetos em movimento ou entre partes de um mesmo objeto. Não se aplica quando a fonte da lesão for um objeto livremente projetado ou em queda livre.
200020900	Aprisionamento em, sob ou entre, NIC. Aplica-se a casos, sem impacto, em que a lesão foi produzida por compressão, pinçamento ou esmagamento entre um objeto em movimento e outro parado, entre dois objetos em movimento ou entre partes de um mesmo objeto. Não se aplica quando a fonte da lesão for um objeto livremente projetado ou em queda livre.
200024300	Atrito ou abrasão por encostar, pisar, ajoelhar ou sentar em objeto (não em vibração). Aplica-se a casos, sem impacto, em que a lesão foi produzida por pressão, vibração ou atrito entre o acidentado e a fonte da lesão.

Tabela 15 — Agente Causador / Situação Geradora de Doença Profissional	
Código	**Descrição**
200024400	Atrito ou abrasão por manusear objeto (não em vibração). Aplica-se a casos, sem impacto, em que a lesão foi produzida por pressão, vibração ou atrito entre o acidentado e a fonte da lesão.
200024500	Atrito ou abrasão por objeto em vibração. Aplica-se a casos, sem impacto, em que a lesão foi produzida por pressão, vibração ou atrito entre o acidentado e a fonte da lesão.
200024600	Atrito ou abrasão por corpo estranho no olho. Aplica-se a casos, sem impacto, em que a lesão foi produzida por pressão, vibração ou atrito entre o acidentado e a fonte da lesão.
200024700	Atrito ou abrasão por compressão repetitiva. Aplica-se a casos, sem impacto, em que a lesão foi produzida por pressão, vibração ou atrito entre o acidentado e a fonte da lesão.
200024900	Atrito ou abrasão, NIC. Aplica-se a casos, sem impacto, em que a lesão foi produzida por pressão, vibração ou atrito entre o acidentado e a fonte da lesão.
200028300	Reação do corpo a seus movimentos — movimento involuntário (escorregão sem queda etc.). Aplica-se a casos, sem impacto, em que a lesão foi causada exclusivamente por movimento livre do corpo humano que causou tensão ou torção em alguma parte do corpo. Geralmente, aplica-se à ocorrência de torções, distensões, rupturas ou outras lesões internas, resultantes da adoção de uma posição forçada ou de movimentos involuntários provocados por sustos ou esforços de recuperação da posição normal em casos de escorregão ou perda de equilíbrio. Inclui casos de lesão muscular ou interna resultantes de movimentos individuais como andar, subir, correr, tentar alcançar algo, voltar-se, curvar-se etc., quando tais movimentos forem a própria fonte da lesão. Não se aplica a esforço excessivo ao erguer, puxar ou empurrar objetos ou a casos em que o movimento do corpo, voluntário ou involuntário, tenha tido por resultado contato violento com algum objeto.
200028600	Reação do corpo a seus movimentos — movimento voluntário. Aplica-se a casos, sem impacto, em que a lesão foi causada exclusivamente por movimento livre do corpo humano que causou tensão ou torção em alguma parte do corpo. Geralmente, aplica-se à ocorrência de torções, distensões, rupturas ou outras lesões internas, resultantes da adoção de uma posição forçada ou de movimentos involuntários provocados por sustos ou esforços de recuperação da posição normal em casos de escorregão ou perda de equilíbrio. Inclui casos de lesão muscular ou interna resultantes de movimentos individuais como andar, subir, correr, tentar alcançar algo, voltar-se, curvar-se etc., quando tais movimentos forem a própria fonte da lesão. Não se aplica a esforço excessivo ao erguer, puxar ou empurrar objetos ou a caso sem que o movimento do corpo, voluntário ou involuntário, tenha tido por resultado contato violento com algum objeto.
200032200	Esforço excessivo ao erguer objeto. Ver explicações da classificação anterior (200028000).
200032400	Esforço excessivo ao empurrar ou puxar objeto. Ver explicações da classificação anterior (200028000).
200032600	Esforço excessivo ao manejar, sacudir ou arremessar objeto. Ver explicações da classificação anterior (200028000).

Tabela 15 — Agente Causador / Situação Geradora de Doença Profissional	
Código	Descrição
200032900	Esforço excessivo, NIC. Ver explicações da classificação anterior (200028000).
200036000	Exposição a energia elétrica. Aplica-se somente a casos sem impacto, em que a lesão consiste em choque elétrico, queimadura ou eletroplessão (eletrocussão).
200040300	Contato com objeto ou substância a temperatura muito alta. Aplica-se somente a casos, sem impacto, em que a lesão consiste em queimadura, geladura etc., resultante de contato com objetos, ar, gases, vapores ou líquidos quentes ou frios. Não se aplica a casos em que a lesão foi provocada pelas características tóxicas ou cáusticas de produtos químicos ou a queimadura por descarga elétrica.
200040600	Contato com objeto ou substância a temperatura muito baixa. Aplica-se somente a casos, sem impacto, em que a lesão consiste em queimadura, geladura etc., resultante de contato com objetos, ar, gases, vapores ou líquidos quentes ou frios. Não se aplica a casos em que a lesão foi provocada pelas características tóxicas ou cáusticas de produtos químicos ou a queimadura por descarga elétrica.
200044300	Exposição à temperatura ambiente elevada. Não se aplica aos casos de lesão proveniente de exposição à radiação solar ou outras radiações. Também não se aplica a casos de queimadura ou geladura provocada por contato com objeto ou substância a temperaturas extremas ou queimadura devida à energia elétrica.
200044600	Não se aplica aos casos de lesão proveniente de exposição à radiação solar ou outras radiações. Também não se aplica a casos de queimadura ou geladura provocada por contato com objeto ou substância a temperaturas extremas ou queimadura devida à energia elétrica.
200048200	Inalação de substância cáustica, tóxica ou nociva. Aplica-se somente a casos, sem impacto, em que a lesão foi provocada por inalação, absorção ou ingestão de substâncias nocivas. Geralmente, refere-se a intoxicações, envenenamentos, queimaduras, irritações ou reações alérgicas por produtos químicos.
200048400	Ingestão de substância cáustica, tóxica ou nociva. Aplica-se somente a casos, sem impacto, em que a lesão foi provocada por inalação, absorção ou ingestão de substâncias nocivas. Geralmente, refere-se a intoxicações, envenenamentos, queimaduras, irritações ou reações alérgicas por produtos químicos.
200048600	Absorção (por contato) de substância cáustica, tóxica ou nociva. Aplica-se somente a casos, sem impacto, em que a lesão foi provocada por inalação, absorção ou ingestão de substâncias nocivas. Geralmente, refere-se a intoxicações, envenenamentos, queimaduras, irritações ou reações alérgicas por produtos químicos.
200048900	Inalação, ingestão e absorção, NIC. Aplica-se somente a casos, sem impacto, em que a lesão foi provocada por inalação, absorção ou ingestão de substâncias nocivas. Geralmente, refere-se a intoxicações, envenenamentos, queimaduras, irritações ou reações alérgicas por produtos químicos.
200052000	Imersão. Aplica-se aos acidentes que têm por consequência o afogamento.
200056000	Exposição à radiação não ionizante. Aplica-se a casos em que as lesões são provocadas por exposição à radiação solar ou outras radiações não ionizantes (por exemplo: ultravioleta e infravermelho).

Tabela 15 — Agente Causador / Situação Geradora de Doença Profissional

Código	Descrição
200060000	Exposição à radiação ionizante
200064000	Exposição ao ruído
200068000	Exposição à vibração
200072300	Exposição à pressão ambiente elevada
200072600	Exposição à pressão ambiente baixa
200076200	Exposição à poluição da água
200076400	Exposição à poluição do ar
200076600	Exposição à poluição do solo
200076900	Exposição à poluição, NIC
200080200	Ataque de ser vivo por mordedura, picada, chifrada, coice etc., não se aplicando no caso de haver peçonha ou transmissão de doença
200080400	Ataque de ser vivo com peçonha
200080600	Ataque de ser vivo com transmissão de doença
200080900	Ataque de ser vivo (inclusive do homem), NIC
200080901	Contato com pessoas doentes ou material infecto-contagiante — agentes biológicos
209000000	Tipo, NIC
209500000	Tipo inexistente

Tabela 16 — Situação Geradora do Acidente de Trabalho

Código	Descrição
200004300	Impacto de pessoa contra objeto parado
200004600	Impacto de pessoa contra objeto em movimento
200008300	Impacto sofrido por pessoa de objeto que cai
200008600	Impacto sofrido por pessoa de objeto projetado
200008900	Impacto sofrido por pessoa, NIC
200012200	Queda de pessoa com diferença de nível de andaime, passagem, plataforma etc.
200012300	Queda de pessoa com diferença de nível de escada móvel ou fixada cujos degraus
200012400	Queda de pessoa com diferença de nível de material empilhado
200012500	Queda de pessoa com diferença de nível de veículo
200012600	Queda de pessoa com diferença de nível em escada permanente

\multicolumn{2}{|c|}{Tabela 16 — Situação Geradora do Acidente de Trabalho}
Código	Descrição
200012700	Queda de pessoa com diferença de nível em poço, escavação, abertura no piso etc.
200012900	Queda de pessoa com diferença de nível, NIC
200016300	Queda de pessoa em mesmo nível em passagem ou superfície de sustentação
200016600	Queda de pessoa em mesmo nível sobre ou contra alguma coisa
200016900	Queda de pessoa em mesmo nível, NIC
200020100	Aprisionamento em, sobre ou entre objetos em movimento convergente
200020300	Aprisionamento em, sobre ou entre objeto parado e outro em movimento
200020500	Aprisionamento em, sobre ou entre dois ou mais objetos em movimento
200020700	Aprisionamento em, sobre ou entre desabamento ou desmoronamento
200020900	Aprisionamento em, sob ou entre, NIC
200024300	Atrito ou abrasão por encostar, pisar, ajoelhar ou sentar em objeto
200024400	Atrito ou abrasão por manusear objeto
200024500	Atrito ou abrasão por objeto em vibração
200024600	Atrito ou abrasão por corpo estranho no olho
200024700	Atrito ou abrasão por compressão repetitiva
200024900	Atrito ou abrasão, NIC
200028300	Reação do corpo a movimento involuntário
200028600	Reação do corpo a movimento voluntário
200032200	Esforço excessivo ao erguer objeto
200032400	Esforço excessivo ao empurrar ou puxar objeto
200032600	Esforço excessivo ao manejar, sacudir ou arremessar objeto
200032900	Esforço excessivo, NIC
200036000	Elétrica, exposição a energia
200040300	Temperatura muito alta, contato com objeto ou substância a
200040600	Temperatura muito baixa, contato com objeto ou substância a
200044300	Temperatura ambiente elevada, exposição a
200044600	Temperatura ambiente baixa, exposição a
200048200	Inalação de substância cáustica, tóxica ou nociva

Tabela 16 — Situação Geradora do Acidente de Trabalho	
Código	Descrição
200048400	Ingestão de substância cáustica
200048600	Absorção de substância cáustica
200048900	Inalação, ingestão ou absorção, NIC
200052000	Imersão
200056000	Radiação não ionizante, exposição a
200060000	Radiação ionizante, exposição a
200064000	Ruído, exposição a
200068000	Vibração, exposição a
200072000	Pressão ambiente, exposição a
200072300	Exposição à pressão ambiente elevada
200072600	Exposição à pressão ambiente baixa
200076200	Poluição da água, ação da (exposição à poluição da água)
200076400	Poluição do ar, ação da (exposição à poluição do ar)
200076600	Poluição do solo, ação da (exposição à poluição do solo)
200076900	Poluição, NIC, exposição a (exposição à poluição, NIC)
200080200	Ataque de ser vivo por mordedura, picada, chifrada, coice etc.
200080400	Ataque de ser vivo com peçonha
200080600	Ataque de ser vivo com transmissão de doença
200080900	Ataque de ser vivo, NIC
209000000	Tipo, NIC
209500000	Tipo inexistente

Tabela 17 — Descrição da Natureza da Lesão	
Código	Descrição
702000000	Lesão imediata
702005000	Escoriação, abrasão (ferimento superficial)
702010000	Corte, laceração, ferida contusa, punctura (ferida aberta)
702015000	Contusão, esmagamento (superfície cutânea intacta)

Tabela 17 — Descrição da Natureza da Lesão	
Código	Descrição
702020000	Distensão, torção
702025000	Inflamação de articulação, tendão ou músculo — inclui sinovite, tenossinovite etc. Não inclui distensão, torção ou suas consequências
702030000	Luxação
702035000	Fratura
702040000	Queimadura ou escaldadura — efeito de temperatura elevada. Efeito do contato com substância quente. Inclui queimadura por eletricidade, mas não inclui choque elétrico. Não inclui queimadura por substância química, efeito de radiação, queimadura de sol, incapacidade sistêmica como intermação, queimadura por atrito etc.
702042000	Queimadura química (lesão de tecido provocada pela ação corrosiva de produto químico, suas emanações etc.)
702045000	Efeito de radiação (imediato) — queimadura de sol e toda forma de lesão de tecido, osso ou fluido orgânico, por exposição à radiação
702048000	Congelamento, geladura e outros efeitos da exposição à baixa temperatura
702050000	Asfixia, estrangulamento, afogamento
702055000	Intermação, insolação, cãibra, exaustão e outros efeitos da temperatura ambiente elevada — não inclui queimadura de sol ou outros efeitos de radiação
702060000	Choque elétrico e eletroplessão (eletrocussão)
702065000	Hérnia de qualquer natureza, ruptura
702070000	Amputação ou enucleação
702075000	Perda ou diminuição de sentido (audição, visão, olfato, paladar e tato, desde que não seja sequela de outra lesão)
702080000	Concussão cerebral
702090000	Lesão imediata, NIC
704020000	Doença contagiosa ou infecciosa (tuberculose, brucelose etc.)
704030000	Pneumoconiose (silicose, asbestose etc.)
704040000	Dermatose (erupção, inflamação da pele, inclusive furúnculo etc.). Geralmente provocada pelo contato direto com substâncias ou agentes sensibilizantes ou irritantes, tais como medicamentos, óleos, agentes biológicos, plantas, madeiras ou metais. Não inclui lesão provocada pela ação corrosiva de produtos químicos, queimadura por contato com substâncias quentes, efeito de exposição à radiação, efeito de exposição a baixas temperaturas ou inflamação ou irritação causada por fricção ou impacto

Tabela 17 — Descrição da Natureza da Lesão

Código	Descrição
704050000	Envenenamento sistêmico — condição mórbida sistêmica provocada por inalação, ingestão ou absorção cutânea de substância tóxica, que afete o metabolismo, o funcionamento do sistema nervoso, do aparelho circulatório, do aparelho digestivo, do aparelho respiratório, dos órgãos de excreção, do sistema músculo-esquelético etc., inclui ação de produto químico, medicamento, metal ou peçonha. Não inclui efeito de radiação, pneumoconiose, efeito corrosivo de produto químico, irritação cutânea, septicemia ou caso de ferida infectada
704060000	Perda ou diminuição mediatas de sentido (audição, visão, olfato, paladar e tato, desde que não seja sequela de outra lesão)
704070000	Efeito de radiação (mediato) — queimadura do sol e toda forma de lesão de tecido, osso, ou fluido orgânico por exposição à radiação
704090000	Doença, NIC
706050000	Lesões múltiplas
706090000	Outras lesões, NIC

Tabela 18 — Motivos de Afastamento

Código	Descrição
01	Acidente/Doença do trabalho
03	Acidente/Doença não relacionada ao trabalho
05	Afastamento/licença prevista em regime próprio (estatuto), sem remuneração
06	Aposentadoria por invalidez
07	Acompanhamento — Licença para acompanhamento de membro da família enfermo
08	Afastamento do empregado para participar de atividade do Conselho Curador do FGTS — art. 65, § 6º, Dec. n. 99.684/90 (Regulamento do FGTS)
10	Afastamento/licença prevista em regime próprio (estatuto), com remuneração
11	Cárcere
12	Cargo Eletivo — Candidato a cargo eletivo — Lei n. 7.664/1988. art. 25, parágrafo único — Celetistas em geral
13	Cargo Eletivo — Candidato a cargo eletivo — Lei Complementar n. 64/1990. art. 1º, inciso II, alínea 1 — Servidor público, estatutário ou não, dos órgãos ou entidades da Administração Direta ou Indireta da União, dos Estados, do Distrito Federal, dos Municípios e dos Territórios, inclusive das fundações mantidas pelo Poder Público.
14	Cessão / Requisição

Tabela 18 — Motivos de Afastamento

Código	Descrição
15	Gozo de férias ou recesso — Afastamento temporário para o gozo de férias ou recesso
16	Licença remunerada — Lei, liberalidade da empresa ou Acordo/Convenção Coletiva de Trabalho
17	Licença-maternidade — 120 dias e suas prorrogações/antecipações, inclusive para o cônjuge sobrevivente
18	Licença-maternidade — 121 dias a 180 dias, Lei n. 11.770/2008 (Empresa Cidadã), inclusive para o cônjuge sobrevivente
19	Licença-maternidade — Afastamento temporário por motivo de aborto não criminoso
20	Licença-maternidade — Afastamento temporário por motivo de licença-maternidade decorrente de adoção ou guarda judicial de criança, inclusive para o cônjuge sobrevivente
21	Licença não remunerada ou sem vencimento
22	Mandato eleitoral — Afastamento temporário para o exercício de mandato eleitoral, sem remuneração
23	Mandato eleitoral — Afastamento temporário para o exercício de mandato eleitoral, com remuneração
24	Mandato sindical — Afastamento temporário para exercício de mandato sindical
25	Mulher vítima de violência — Lei n. 11.340/2006 — art. 9º, § 2º, II — Lei Maria da Penha
26	Participação de empregado no Conselho Nacional de Previdência Social-CNPS (art. 3º, Lei n. 8.213/1991)
27	Qualificação — Afastamento por suspensão do contrato de acordo com o art. 476-A da CLT
28	Representante sindical — Afastamento pelo tempo que se fizer necessário, quando, na qualidade de representante de entidade sindical, estiver participando de reunião oficial de organismo internacional do qual o Brasil seja membro
29	Serviço militar — Afastamento temporário para prestar serviço militar obrigatório
30	Suspensão disciplinar — CLT, art. 474
31	Servidor público em disponibilidade
33	Licença-maternidade — de 180 dias, Lei n. 13.301/2016.
34	Inatividade do trabalhador avulso (portuário ou não portuário) por período superior a 90 dias

Tabela 23 — Fatores de Risco do Meio Ambiente do Trabalho	
01.01.000	**FÍSICOS**
01.01.001	Infrassom e sons de baixa frequência
01.01.002	Ruído contínuo ou Intermitente
01.01.003	Ruído impulsivo ou de impacto
01.01.004	Ultrassom
01.01.005	Campos magnéticos estáticos
01.01.006	Campos magnéticos de sub-radiofrequência (30 kHz e abaixo)
01.01.007	Sub-radiofrequência (30 kHz e abaixo) e campos eletrostáticos
01.01.008	Radiação de radiofrequência e micro-ondas
01.01.009	Radiação visível e infravermelho próximo
01.01.010	Radiação ultravioleta
01.01.011	Lasers
01.01.012	Radiações Ionizantes
01.01.013	Vibrações Localizadas (Mão-Braço)
01.01.014	Vibração de corpo inteiro
01.01.015	Estresse por frio (Hipotermia)
01.01.016	Estresse e sobrecarga fisiológica por calor
01.01.017	Pressão hiperbárica
01.01.018	Pressão hipobárica
01.01.019	Umidade
01.01.999	Outros
02.01.000	**QUÍMICOS**
02.01.001	Acetaldeído
02.01.002	Acetato de benzila
02.01.003	Acetato de n-butila
02.01.004	Acetato de sec-butila
02.01.005	Acetato de terc-butila
02.01.006	Acetato de 2-butoxietila
02.01.007	Acetato de cellosolve
02.01.008	Acetato de éter monoetílico de etileno glicol

Tabela 23 — Fatores de Risco do Meio Ambiente do Trabalho	
02.01.009	Sais de cianeto
02.01.010	Acetato de 2-etoxietila
02.01.011	Acetato de sec-hexila
02.01.012	Acetato de isobutila
02.01.013	Acetato de isopropila
02.01.014	Acetato de metila
02.01.015	Acetato de 2-metoxietila (EGMEA)
02.01.016	Acetato de n-propila
02.01.017	Acetato de pentila, todos os isômeros
02.01.018	Acetato de vinila
02.01.019	Acetileno
02.01.020	Acetofenona
02.01.021	Acetona
02.01.022	Acetona cianidrina
02.01.023	Acetonitrila
02.01.024	Ácido acético
02.01.025	Ácido acetilsalicílico (Aspirina)
02.01.026	Ácido acrílico
02.01.027	Ácido adípico
02.01.028	Ácido Aristólico
02.01.029	Ácido bromídrico
02.01.030	Ácido carbônico
02.01.031	Ácido cianídrico
02.01.032	Ácido clorídrico
02.01.033	Ácido 2-cloropropiônico
02.01.034	Ácido crômico (névoa)
02.01.035	Ácido dicloroacético
02.01.036	Ácido 2,2-dicloropropiônico
02.01.037	Ácido etanóico
02.01.038	Ácido 2-etil hexanoico

Tabela 23 — Fatores de Risco do Meio Ambiente do Trabalho	
02.01.039	Ácido fluorídrico
02.01.040	Ácido fórmico
02.01.041	Ácido fosfórico
02.01.042	Ácido metacrílico
02.01.043	Ácido metanóico
02.01.044	Ácido monocloroacético
02.01.045	Ácido nítrico
02.01.046	Ácido oxálico
02.01.047	Ácido peracético
02.01.048	Ácido pícrico
02.01.049	Ácido propiônico
02.01.050	Ácido sulfúrico
02.01.051	Ácido tereftálico
02.01.052	Ácido tioglicólico
02.01.053	Ácido tricloroacético
02.01.054	Acrilamida
02.01.055	Acrilato de n-butila
02.01.056	Acrilato de etila
02.01.057	Acrilato de 2-hidroxipropila
02.01.058	Acrilato de metila
02.01.059	Acrilonitrila
02.01.060	Acroleína
02.01.061	Acronitrila
02.01.062	Adiponitrila
02.01.063	Aflatoxinas
02.01.064	Aguarrás mineral (Solvente de Stoddard)
02.01.065	Alaclor
02.01.066	Álcalis cáusticos
02.01.067	Alcatrão de hulha, produtos voláteis como aerossóis solúveis em benzeno
02.01.068	Álcool alílico

Tabela 23 — Fatores de Risco do Meio Ambiente do Trabalho	
02.01.069	Álcool n-butílico
02.01.070	Álcool sec-butílico
02.01.071	Álcool terc-butílico
02.01.072	Álcool etílico
02.01.073	Álcool furfurílico
02.01.074	Álcool isoamílico
02.01.075	Álcool isobutílico
02.01.076	Álcool isooctílico
02.01.077	Álcool isopropílico
02.01.078	Álcool propargílico
02.01.079	Álcool metil amílico
02.01.080	Álcool metílico
02.01.081	Álcool n-propílico (n-propanol)
02.01.082	Aldrin
02.01.083	Aldeído acético
02.01.084	Aldeído fórmico
02.01.085	Algodão, bruto, sem tratamento, poeira
02.01.086	Alumínio metal e compostos insolúveis
02.01.087	Amido
02.01.088	Aminas aromáticas
02.01.089	4 — Aminodifenil (p-xenilamina)
02.01.090	Aminobifenila
02.01.091	Aminoderivados
02.01.092	4-Aminodifenil
02.01.093	2-Aminopiridina
02.01.094	Amitrol (3-amina-1,2,4-triazol)
02.01.095	Amônia
02.01.096	Anidro sulfuroso
02.01.097	Anidrido acético
02.01.098	Anidrido ftálico

Tabela 23 — Fatores de Risco do Meio Ambiente do Trabalho

02.01.099	Anidrido hexahidroftálico todos os isômeros
02.01.100	Anidrido maleico
02.01.101	Anidrido trimelítico
02.01.102	Anilina
02.01.103	o-Anisidina
02.01.104	p-Anisidina
02.01.105	Antimônio e seus compostos
02.01.106	Antraceno
02.01.107	ANTU
02.01.108	Argônio
02.01.109	Arseneto de gálio
02.01.110	Arsênio e seus compostos
02.01.111	Arsina
02.01.112	Asbestos, todas as formas
02.01.113	Asfalto (betume), fumos, como aerossol solúvel em benzeno
02.01.114	Atrazine (e triazinas simétricas relacionadas)
02.01.115	Auramina
02.01.116	Azatioprina
02.01.117	Azida de sódio
02.01.118	Azinfos metil
02.01.119	Bário e compostos solúveis
02.01.120	Benomil
02.01.121	Benzeno e seus compostos
02.01.122	Benzidina
02.01.123	Benzo[a]antraceno
02.01.124	Benzo[b]fluoranteno
02.01.125	Benzopireno (Benzo[a]pireno)
02.01.126	Berílio e seus compostos
02.01.127	Betume
02.01.128	BHC (hexacloreto de benzeno)

Tabela 23 — Fatores de Risco do Meio Ambiente do Trabalho	
02.01.129	Bifenil
02.01.130	Bifenis policlorados
02.01.131	Biscloroetileter
02.01.132	Bisclorometil
02.01.133	Bissulfito de sódio
02.01.134	Borracha natural, látex como proteínas alergênicas inaláveis
02.01.135	Borato, compostos inorgânicos
02.01.136	Breu
02.01.137	Bromacil
02.01.138	Brometo de alila
02.01.139	Brometo de etila
02.01.140	Brometo de hidrogênio
02.01.141	Brometo de metila
02.01.142	Brometo de vinila
02.01.143	Bromo e seus compostos
02.01.144	Bromoetano
02.01.145	Bromofórmio
02.01.146	Bromometano
02.01.147	1-Bromopropano
02.01.148	Bussulfano
02.01.149	1,3-Butadieno
02.01.150	Butadieno-estireno
02.01.151	n-Butano
02.01.152	Butano, todos os isômeros
02.01.153	1-4 Butanodiol
02.01.154	Butenos, todos os isômeros
02.01.155	sec-Butanol
02.01.156	Butanona
02.01.157	1-Butanotiol
02.01.158	Butil cellosolve

Tabela 23 — Fatores de Risco do Meio Ambiente do Trabalho	
02.01.159	n-Butil mercaptana
02.01.160	n-Butilamina
02.01.161	o-sec Butilfenol
02.01.162	p-terc-Butiltolueno
02.01.163	2-Butóxi etanol (EGBE)
02.01.164	Cádmio e seus compostos
02.01.165	Canfeno clorado
02.01.166	Cânfora, sintética
02.01.167	Caolim
02.01.168	Caprolactama
02.01.169	Captafol
02.01.170	Captan
02.01.171	Carbaril
02.01.172	Carbeto de silício
02.01.173	Carbofuran
02.01.174	Carvão mineral e seus derivados
02.01.175	Catecol
02.01.176	Cellosolve
02.01.177	Celulose
02.01.178	Cereais, poeira (aveia, cevada, trigo)
02.01.179	Ceteno
02.01.180	Chumbo e seus compostos
02.01.181	Chumbo tetraetila
02.01.182	Chumbo tetrametila
02.01.183	Cianamida
02.01.184	Cianamida de cálcio
02.01.185	Cianeto de hidrogênio
02.01.186	Cianeto de metila
02.01.187	Cianeto de vinila
02.01.188	Cianoacrilato de etila

Tabela 23 — Fatores de Risco do Meio Ambiente do Trabalho	
02.01.189	2-Cianoacrilato de metila
02.01.190	Cianogênio
02.01.191	Ciclofosfamida
02.01.192	Ciclohexano
02.01.193	Ciclohexanol
02.01.194	Ciclohexanona
02.01.195	Ciclohexeno
02.01.196	Ciclohexilamina
02.01.197	Ciclonita
02.01.198	Ciclopentadieno
02.01.199	Ciclopentano
02.01.200	Ciclosporina
02.01.201	Cihexatin
02.01.202	Cimento portland
02.01.203	Citral
02.01.204	Clopidol
02.01.205	Clorambucil
02.01.206	Clordane
02.01.207	Cloreto de alila
02.01.208	Cloreto de amônio — fumos
02.01.209	Cloreto de benzila
02.01.210	Cloreto de benzoíla
02.01.211	Cloreto de carbonila
02.01.212	Cloreto de cianogênio
02.01.213	Cloreto de cloroacetila
02.01.214	Cloreto de cromila
02.01.215	Cloreto de dimetil carbamoila
02.01.216	Cloreto de enxofre
02.01.217	Cloreto de etila
02.01.218	Cloreto de fenila

Tabela 23 — Fatores de Risco do Meio Ambiente do Trabalho

02.01.219	Cloreto de hidrogênio
02.01.220	Cloreto de metila
02.01.221	Cloreto de metileno
02.01.222	Cloreto de polivinila
02.01.223	Cloreto de tionila
02.01.224	Cloreto de vinila
02.01.225	Cloreto de vinilideno
02.01.226	Cloreto de zinco, fumos
02.01.227	Clornafazina
02.01.228	Cloro
02.01.229	Cloroacetaldeído
02.01.230	2-Cloroacetofenona
02.01.231	Cloroacetona
02.01.232	Cloroambucil
02.01.233	Clorobenzeno
02.01.234	o-Clorobenzilideno malononitrila
02.01.235	Clorobromometano
02.01.236	Clorodifenil (42% de Cloro)
02.01.237	Clorodifenil (54% de Cloro)
02.01.238	Clorodifluormetano
02.01.239	o-Cloroestireno
02.01.240	Cloroetano
02.01.241	Cloroetílico
02.01.242	Clorofórmio
02.01.243	1-Cloro-1-nitropropano
02.01.244	1-Cloro-2
02.01.245	Clorometileter
02.01.246	Cloropentafluoretano
02.01.247	Cloropicrina
02.01.248	Cloropirifos

Tabela 23 — Fatores de Risco do Meio Ambiente do Trabalho	
02.01.249	Cloroprene
02.01.250	Cloropreno
02.01.251	ß-Cloropreno
02.01.252	1-Cloro-2-propanol
02.01.253	2-Cloro-1-propanol
02.01.254	o-Clorotolueno
02.01.255	Cobalto e seus compostos inorgânicos
02.01.256	Cobalto carbonila
02.01.257	Cobalto hidrocarbonila
02.01.258	Cobre
02.01.259	Coumafos
02.01.260	Cresol, todos os isômeros
02.01.261	Creosoto
02.01.262	Criseno
02.01.263	Cromato de terc-butila
02.01.264	Cromato de cálcio
02.01.265	Cromato de chumbo
02.01.266	Cromato de estrôncio
02.01.267	Cromatos de zinco
02.01.268	Cromita — processamento do minério(Cromato)
02.01.269	Cromo e seus compostos inorgânicos
02.01.270	Crotonaldeído
02.01.271	Crufomate
02.01.272	Cumeno
02.01.273	2,4 D
02.01.274	DDD (diclorodifenildicloretano)
02.01.275	DDT
02.01.276	Decaborano
02.01.277	Demeton
02.01.278	Demeton-S-metila

	Tabela 23 — Fatores de Risco do Meio Ambiente do Trabalho
02.01.279	Destilação do alcatrão de hulha
02.01.280	Diacetil
02.01.281	Diacetona álcool
02.01.282	Diamina
02.01.283	α,α'Diamina m-xileno
02.01.284	Dianizidina
02.01.285	Diazinon
02.01.286	Diazometano
02.01.287	Diborano
02.01.288	1,2-Dibramoetano
02.01.289	Dibrometo de etileno
02.01.290	2-N-Dibutilaminoetanol
02.01.291	Dibutilftalato
02.01.292	Diciclopentadieno
02.01.293	1,1 Dicloreotileno
02.01.294	Dicloreto de etileno
02.01.295	Dicloreto de propileno
02.01.296	o-Diclorobenzeno
02.01.297	p-Diclorobenzeno
02.01.298	Diclorobenzidina
02.01.299	3,3' -Diclorobenzidina
02.01.300	1,4-Dicloro-2-buteno
02.01.301	Diclorodifluormetano
02.01.302	1,3-Dicloro-5,5-dimetil hidantoina
02.01.303	1,1-Dicloroetano
02.01.304	1,2 Dicloroetano
02.01.305	1,2 Dicloroetileno, todos os isômeros
02.01.306	Diclorofluormetano
02.01.307	Diclorometano
02.01.308	1,1-Dicloro-1-nitroetano

Tabela 23 — Fatores de Risco do Meio Ambiente do Trabalho	
02.01.309	1,2 Dicloropropano (Dicloroacetileno)
02.01.310	1,3-Dicloropropeno
02.01.311	Diclorotetrafluoretano
02.01.312	Diclorvos (DDVP)
02.01.313	Dicrotofós
02.01.314	Dieldrin
02.01.315	Diesel, combustível, como hidrocarbonetos totais
02.01.316	Dietanolamina
02.01.317	Dietilamina
02.01.318	2-Dietilaminoetanol
02.01.319	Dietilcetona
02.01.320	Dietil éter
02.01.321	Dietileno triamina
02.01.322	Dietilestil-bestrol
02.01.323	Dietilestilbestrol
02.01.324	Dietilftalato
02.01.325	Dietilsulfato
02.01.326	Difenilamina
02.01.327	Difluordibromometano
02.01.328	Difluoreto de oxigênio
02.01.329	Dihidrocloreto de piperazina
02.01.330	Diisobutil cetona
02.01.331	Diisocianato de isoforona
02.01.332	2,4 Diisocianato de tolueno (TDI)
02.01.333	Diisopropilamina
02.01.334	N,N-Dietilhidroxilamina
02.01.335	Dimetanosulfonato (MILERAN)
02.01.336	N,N-Dimetilacetamida
02.01.337	Dimetilacetamida
02.01.338	Dimetilamina

Tabela 23 — Fatores de Risco do Meio Ambiente do Trabalho	
02.01.339	Dimetilanilina
02.01.340	Dimetiletoxisilano
02.01.341	Dimetilformamida
02.01.342	Dimetilftalato
02.01.343	1,1-Dimetilhidrazina
02.01.344	Dimetilsulfato
02.01.345	Dinitrato de etileno glicol
02.01.346	Dinitrato de propileno glicol
02.01.347	Dinitrobenzeno, todos os isômeros
02.01.348	Dinitro-o-cresol
02.01.349	3,5-Dinitro-o-toluamida
02.01.350	Dinitrotolueno
02.01.351	1,4-Dioxano
02.01.352	Dioxation
02.01.353	Dióxido de carbono
02.01.354	Dióxido de cloro
02.01.355	Dióxido de enxofre
02.01.356	1,3-Dioxolane
02.01.357	Dióxido de nitrogênio
02.01.358	Dióxido de titânio
02.01.359	Dióxido de vinilciclohexano
02.01.360	Dipropil cetona
02.01.361	Diquat
02.01.362	Dissulfeto de alil propila
02.01.363	Dissulfeto de carbono
02.01.364	Dissulfeto de dimetila
02.01.365	Dissulfiram
02.01.366	Dissulfoton
02.01.367	Diuron
02.01.368	Divinil benzeno

Tabela 23 — Fatores de Risco do Meio Ambiente do Trabalho	
02.01.369	Dodecil mercaptana
02.01.370	Endosulfan
02.01.371	Endrin
02.01.372	Enflurano
02.01.373	Epicloridrina
02.01.374	EPN
02.01.375	Erionita
02.01.376	Estanho e seus compostos
02.01.377	Estearatos$^{(J)}$
02.01.378	Estibina
02.01.379	Estilbenzeno
02.01.380	Estireno
02.01.381	Estriquinina
02.01.382	Etano
02.01.383	Etanol
02.01.384	Etanolamina
02.01.385	Etanotiol
02.01.386	Éter alil glicidílico
02.01.387	Éter n-Butil glicidílico
02.01.388	Éter bis-(Clorometílico) ou Bis (cloro metil) éter
02.01.389	Éter bis (2-dimetilaminoetil)
02.01.390	Éter dicloroetílico
02.01.391	Éter diglicidílico
02.01.392	Éter etil terc-butílico
02.01.393	Éter etílico
02.01.394	Éter fenílico, vapor
02.01.395	Éter fenil glicidílico
02.01.396	Éter isopropil glicidílico (IGE)
02.01.397	Éter isopropílico
02.01.398	Éter isopropílico de monoetileno glicol

Tabela 23 — Fatores de Risco do Meio Ambiente do Trabalho	
02.01.399	Éter metil terc-amílico
02.01.400	Éter metil terc-butílico (MTBE)
02.01.401	Éter metílico de clorometila
02.01.402	Éter metílico de dipropilenoglicol (DPGME)
02.01.403	Éter monobutílico de dietileno glicol
02.01.404	Éter monobutílico do etileno glicol
02.01.405	Éter monoetílico do etileno glicol
02.01.406	Éter monometílico do etileno glicol
02.01.407	Etil amil cetona
02.01.408	Etil butil cetona
02.01.409	Etil mercaptana
02.01.410	n-Etil morfolina
02.01.411	Etilamina
02.01.412	Etilbenzeno
02.01.413	Etileno
02.01.414	Etilenoamina
02.01.415	Etilenotiureia
02.01.416	Etileno cloridrina
02.01.417	Etileno diamina
02.01.418	Etileno glicol
02.01.419	Etilideno norborneno
02.01.420	Etil isocianato
02.01.421	Etilenoimina
02.01.422	Etilnitrosuréias
02.01.423	Etion
02.01.424	Etoposide
02.01.425	Etoposide em associação com cisplatina e bleomicina
02.01.426	2-Etoxietanol
02.01.427	Farinha (poeiras)
02.01.428	Fenacetina

Tabela 23 — Fatores de Risco do Meio Ambiente do Trabalho	
02.01.429	Fenamifos
02.01.430	n-Fenil-ß-naftilamina
02.01.431	o-Fenileno diamina
02.01.432	m-Fenileno diamina
02.01.433	p-Fenileno diamina
02.01.434	Fenilfosfina
02.01.435	Fenilhidrazina
02.01.436	Fenil mercaptana
02.01.437	Fenol
02.01.438	Fenotiazine
02.01.439	Fensulfotion
02.01.440	Fention
02.01.441	Ferbam
02.01.442	Ferro, sais solúveis
02.01.443	Ferro diciclopentadienila
02.01.444	Ferro, óxido (Fe_2O_3)
02.01.445	Ferro pentacarbonila
02.01.446	Ferrovanádio, poeira
02.01.447	Fibras vítreas sintéticas
02.01.448	Flúor
02.01.449	Fluoracetato de sódio
02.01.450	Fluoretos, como F
02.01.451	Fluoreto de carbonila
02.01.452	Fluoreto de hidrogênio
02.01.453	Fluoreto de perclorila
02.01.454	Fluoreto de sulfurila
02.01.455	Fluoreto de vinila
02.01.456	Fluoreto de vinilideno
02.01.457	Fonofos
02.01.458	Forate

Tabela 23 — Fatores de Risco do Meio Ambiente do Trabalho	
02.01.459	Formaldeído
02.01.460	Formamida
02.01.461	Formiato de etila
02.01.462	Formiato de metila
02.01.463	Fosfato de dibutila
02.01.464	Fosfato de dibutil fenila
02.01.465	Fosfato de tributila
02.01.466	Fosfato de trifenila
02.01.467	Fosfato de triortocresila
02.01.468	Fosfina
02.01.469	Fosfito de trimetila
02.01.470	Fósforo (amarelo)
02.01.471	Fosgênio
02.01.472	Fluortriclorometano (freon 11)
02.01.473	Freon 12
02.01.474	Freon 22
02.01.475	Freon 113
02.01.476	Freon 114
02.01.477	Ftalato de dibutila
02.01.478	Ftalato de di (2-etilhexila)
02.01.479	Ftalato de dietila
02.01.480	m-Ftalodinitrila
02.01.481	o-Ftalodinitrila
02.01.482	Furfural
02.01.483	Gás amoníaco
02.01.484	Gás carbônico
02.01.485	Gás cianídrico
02.01.486	Gás clorídrico
02.01.487	Gás mostarda
02.01.488	Gás natural

Tabela 23 — Fatores de Risco do Meio Ambiente do Trabalho

02.01.489	Gás sulfídrico
02.01.490	Gasolina
02.01.491	Glicerina, névoas
02.01.492	Glicidol
02.01.493	Glioxal
02.01.494	GLP (gás liquefeito do petróleo)
02.01.495	Glutaraldeído, ativado e não ativado
02.01.496	Grafite (todas as formas, exceto fibras de grafite)
02.01.497	Grãos, poeira (aveia, trigo, cevada)
02.01.498	Háfnio e seus compostos
02.01.499	halogenados
02.01.500	Halotano
02.01.501	Hélio
02.01.502	Heptacloro
02.01.503	Heptacloro epóxido
02.01.504	Heptano, todos os isômeros
02.01.505	Hexaclorobenzeno
02.01.506	Hexaclorobutadieno
02.01.507	Hexaclorociclopentadieno
02.01.508	Hexacloroetano
02.01.509	Hexacloronaftaleno
02.01.510	Hexafluoracetona
02.01.511	Hexafluorpropileno
02.01.512	Hexafluoreto de enxofre
02.01.513	Hexafluoreto de selênio
02.01.514	Hexafluoreto de telúrio
02.01.515	Hexametileno diisocianato (HDI)
02.01.516	Hexametil fosforamida
02.01.517	n-Hexano
02.01.518	Hexano, outros isômeros que não o n-Hexano

Tabela 23 — Fatores de Risco do Meio Ambiente do Trabalho	
02.01.519	1,6-Hexanodiamina
02.01.520	1-Hexeno
02.01.521	Hexileno glicol
02.01.522	Hidrazina
02.01.523	Hidreto de antimônio (Estibina)
02.01.524	Hidreto de lítio
02.01.525	Hidrocarbonetos alifáticos gasosos Alcanos
02.01.526	Hidrocarbonetos e outros compostos de carbono
02.01.527	Hidrocarbonetos aromáticos
02.01.528	Hidrocarbonetos cíclicos
02.01.529	Hidrogênio
02.01.530	Hidroquinona
02.01.531	Hidróxido de cálcio
02.01.532	Hidróxido de césio
02.01.533	Hidróxido de potássio
02.01.534	Hidróxido de sódio
02.01.535	Hidroxitolueno butilado
02.01.536	Indeno
02.01.537	Iodeto de metila
02.01.538	Índio e seus compostos
02.01.539	Iodo
02.01.540	Iodetos
02.01.541	Iodofórmio
02.01.542	Isobutanol
02.01.543	Isobuteno
02.01.544	Isocianato
02.01.545	Isocianato de metila
02.01.546	Isoforona
02.01.547	Isopropilamina
02.01.548	n-Isopropilanilina

Tabela 23 — Fatores de Risco do Meio Ambiente do Trabalho

02.01.549	Isopropil benzeno
02.01.550	2-Isopropoxietanol
02.01.551	Ítrio e compostos
02.01.552	Lactato de n-butila
02.01.553	Lindano
02.01.554	Madeira, poeiras
02.01.555	Malation
02.01.556	Manganês e seus compostos
02.01.557	Manganês ciclopentadienil tricarbonila
02.01.558	Melfalano
02.01.559	Mercaptanos
02.01.560	Mercúrio e seus compostos
02.01.561	Metabisulfito de sódio
02.01.562	Metacrilato de metila
02.01.563	Metano
02.01.564	Metanol
02.01.565	Metil acetileno
02.01.566	Metil acetileno-propadieno, mistura (MAPP)
02.01.567	Metilacrilonitrila
02.01.568	Metilal
02.01.569	Metilamina
02.01.570	Metil n-amil cetona
02.01.571	n-Metil anilina
02.01.572	Metil n-butil cetona
02.01.573	Metil cellosolve
02.01.574	Metilciclohexano
02.01.575	Metilciclohexanol
02.01.576	o-Metilciclohexanona
02.01.577	2-Metilciclopentadienil manganês tricarbonila
02.01.578	Metil clorofórmio

Tabela 23 — Fatores de Risco do Meio Ambiente do Trabalho	
02.01.579	Metil demeton
02.01.580	Metil etil cetona (MEK)
02.01.581	α-Metil estireno
02.01.582	Metil hidrazina
02.01.583	Metil isoamil cetona
02.01.584	Metil isobutil carbinol
02.01.585	Metil isobutil cetona
02.01.586	Metil isopropil cetona
02.01.587	Metil mercaptana
02.01.588	1-Metil naftaleno
02.01.589	2-Metil naftaleno
02.01.590	Metil paration
02.01.591	Metil propil cetona
02.01.592	Metil vinil cetona
02.01.593	Metileno-bis-(4-ciclohexilisocianato)
02.01.594	4,4-Metileno-bis-(2-cloroanilina) (MOCA®) (MBOCA®)
02.01.595	Metileno bisfenil isocianato (MDI)
02.01.596	4,4'-Metileno dianilina
02.01.597	Metileno-ortocloroanilina (MOCA)
02.01.598	Metomil
02.01.599	Metoxicloro
02.01.600	2-Metoxietanol (EGME)
02.01.601	(2-Metoximetiletoxi) propanol (DPGME)
02.01.602	4-Metoxifenol
02.01.603	1-Metoxi-2-propanol
02.01.604	Metoxsalen associado com radiação ultravioleta A
02.01.605	Monometil hidrazina
02.01.606	Metribuzin
02.01.607	Mevinfos
02.01.608	Mica

Tabela 23 — Fatores de Risco do Meio Ambiente do Trabalho

02.01.609	Molibdênio
02.01.610	Monocrotofós
02.01.611	Monóxido de carbono
02.01.612	Morfolina
02.01.613	Naftaleno
02.01.614	ß-Naftilamina (Betanaftilamina)
02.01.615	Naftóis
02.01.616	Naled
02.01.617	Negro de fumo
02.01.618	Neônio
02.01.619	Nicotina
02.01.620	Níquel e seus compostos
02.01.621	Nitrapirin
02.01.622	Nitrato de n-propila
02.01.623	Nitrito de isobutila
02.01.624	p-Nitroanilina
02.01.625	Nitrobenzeno
02.01.626	p-Nitroclorobenzeno
02.01.627	Nitroderivados
02.01.628	4-Nitrodifenil
02.01.629	4-Nitrodifenila
02.01.630	Nitroetano
02.01.631	Nitrogênio
02.01.632	Nitroglicerina
02.01.633	Nitrometano
02.01.634	Nitronaftilamina 4-Dimetil-aminoazobenzeno
02.01.635	1-Nitropropano
02.01.636	2-Nitropropano
02.01.637	Nitrosamina
02.01.638	n-Nitrosodimetilamina

\	Tabela 23 — Fatores de Risco do Meio Ambiente do Trabalho
02.01.639	N'-Nitrosonornicotina (NNN) e 4-. (metilnitrosamino)-1-(3-piridil)1-butano- na (NNK)
02.01.640	Nitrotolueno, todos os isômeros
02.01.641	5-Nitro-o-toluidina
02.01.642	Nonano
02.01.643	Octacloronaftaleno
02.01.644	Octano, todos os isômeros
02.01.645	Óleo diesel, como hidrocarbonetos totais
02.01.646	Óleo mineral, excluídos os fluídos de trabalho com metais
02.01.647	óleo queimado
02.01.648	Óleos de xisto
02.01.649	Ortotoluidina
02.01.650	p,p'-Oxibis(benzeno sulfonila hidrazida)
02.01.651	Oxicloreto de fósforo
02.01.652	Óxido de boro
02.01.653	Óxido de cálcio
02.01.654	Óxido de difenila o-clorada
02.01.655	Óxido de etileno
02.01.656	Óxido de magnésio
02.01.657	Óxido de mesitila
02.01.658	Óxido de propileno
02.01.659	Óxido de zinco
02.01.660	Óxido nítrico
02.01.661	Óxido nitroso
02.01.662	Oxime-talona
02.01.663	Ozona
02.01.664	Ozônio
02.01.665	Parafina, cera (fumos)
02.01.666	Paraquat, como o cátion
02.01.667	Paration

Tabela 23 — Fatores de Risco do Meio Ambiente do Trabalho	
02.01.668	Partículados (insolúveis ou de baixa solubilidade) não especificados de outra maneira (PNOS)
02.01.669	Pentaborano
02.01.670	Pentacloreto de fósforo
02.01.671	3, 4, 5, 3´, 4' -Pentaclorobifenil (PCB — 126)
02.01.672	2 ,3 ,4 ,7 ,8-Pentaclorodibenzofurano
02.01.673	Pentaclorofenol
02.01.674	Pentacloronaftaleno
02.01.675	Pentacloronitrobenzeno
02.01.676	Pentaeritritol
02.01.677	Pentafluoreto de bromo
02.01.678	Pentafluoreto de enxofre
02.01.679	n-Pentano
02.01.680	Pentano, todos os isômeros
02.01.681	2,4-Pentanodiona
02.01.682	Pentassulfeto de fósforo
02.01.683	Pentóxido de vanádio
02.01.684	Percloroetileno (Tetracloroetileno)
02.01.685	Perclorometil mercaptana
02.01.686	Perfluorobutil etileno
02.01.687	Perfluorisobutileno
02.01.688	Perfluoroctanoato de amônio
02.01.689	Peróxido de benzoíla
02.01.690	Peróxido de hidrogênio
02.01.691	Peróxido de metil etil cetona
02.01.692	Persulfatos, como persulfato
02.01.693	Petróleo e seus derivados
02.01.694	Picloram
02.01.695	Pindone
02.01.696	Pirperazina e sais, como Piperazia

Tabela 23 — Fatores de Risco do Meio Ambiente do Trabalho	
02.01.697	Piretro
02.01.698	Piridina
02.01.699	Pirofosfato de tetraetila
02.01.700	Platina e sais solúveis
02.01.701	Plutônio
02.01.702	Poliisocianetos
02.01.703	Poliuretanas
02.01.704	3-Poxipro-pano
02.01.705	Prata e seus compostos
02.01.706	Procarbazina
02.01.707	Propano
02.01.708	n-Propano
02.01.709	Propanona
02.01.710	Propano sultona
02.01.711	Propano sultone
02.01.712	Propanosultona
02.01.713	n-Propanol
02.01.714	iso-Propanol
02.01.715	2-Propanol
02.01.716	Propileno
02.01.717	Propileno imina
02.01.718	ß-Propiolactona (Beta-propiolactona)
02.01.719	Propionaldeído
02.01.720	Propoxur
02.01.721	PVC (policloreto de vinila)
02.01.722	Querosene combustível de avião, como vapor de hidrocarbonetos totais
02.01.723	Quinona
02.01.724	Rádio-224 e seus produtos de decaimento
02.01.725	Rádio-226 e seus produtos de decaimento
02.01.726	Rádio-228 e seus produtos de decaimento

\multicolumn{2}{c}{Tabela 23 — Fatores de Risco do Meio Ambiente do Trabalho}	
02.01.727	Radônio-222 e seus produtos de decaimento
02.01.728	Resina de vareta (eletrodo arame) de solda, produtos da decomposição térmica (breu)
02.01.729	Resorcinol
02.01.730	Ródio e seus compostos
02.01.731	Ronel
02.01.732	Rotenona (comercial)
02.01.733	Sacarose
02.01.734	Seleneto de hidrogênio
02.01.735	Selênio e seus compostos
02.01.736	Semustina [1-(2-cloroetil)-3-(4-metilciclohexil)-1-nitrosourea, Metil CC- NU]
02.01.737	Sesone
02.01.738	Sílica cristalina — α-quartzo e cristobalita
02.01.739	Sílica livre
02.01.740	Sílica cristobalita
02.01.741	Silicato de cálcio, sintético não fibroso
02.01.742	Silicato de etila
02.01.743	Silicato de metila
02.01.744	Silicatos
02.01.745	Subtilisins, como enzima cristalina ativa
02.01.746	Sulfamato de amônio
02.01.747	Sulfato de bário
02.01.748	Sulfato de cálcio
02.01.749	Sulfato de dimetila
02.01.750	Sulfato de carbonila
02.01.751	Sulfeto de hidrogênio
02.01.752	Sulfeto de dimetila
02.01.753	sulfeto de níquel
02.01.754	Sulfometuron metil

\multicolumn{2}{c}{Tabela 23 — Fatores de Risco do Meio Ambiente do Trabalho}	
02.01.755	Sulfotep (TEDP)
02.01.756	Sulprofos
02.01.757	Systox
02.01.758	2,4,5-T
02.01.759	Talco
02.01.760	Tálio, e compostos, como Tl
02.01.761	Tamoxifeno (nota: há evidências também conclusivas para seu uso na redução do risco de câncer de mama contralateral em pacientes com câncer de mama)
02.01.762	Telureto de bismuto
02.01.763	Telúrio e compostos (NOS), como Te, excluído telureto de hidrogênio
02.01.764	Temefós
02.01.765	Terbufos
02.01.766	Terebentina e monoterpenos selecionados
02.01.767	Terfenilas (o,m,p-isômeros)
02.01.768	Terfenilas hidrogenadas (não irradiadas)
02.01.769	1,1,2,2,Tetrabromoetano
02.01.770	Tetrabrometo de acetileno (1,1,2,2-Tetrabromoetano)
02.01.771	Tetrabrometo de carbono
02.01.772	Tetracloreto de carbono
02.01.773	2,3,7,8-Tetraclorodibenzo-para-dioxina
02.01.774	1,1,1,2-Tetracloro-2,2-difluoretano
02.01.775	1,1,2,2-Tetracloro-1,2-difluoretano
02.01.776	1,1,2,2-Tetracloroetano
02.01.777	Tetracloroetano
02.01.778	Tetracloronaftaleno
02.01.779	Tetracloroetileno
02.01.780	Tetrafluoretileno
02.01.781	Tetrafluoreto de enxofre
02.01.782	Tetrahidreto de germânio

Tabela 23 — Fatores de Risco do Meio Ambiente do Trabalho

02.01.783	Tetrahidreto de silício
02.01.784	Tetrahidrofurano
02.01.785	Tetraquis (hidroximetil) fosfônio, sais — Cloreto de tetraquis (hidroximetil) fosfônio
02.01.786	Tetraquis (hidroximetil) fosfônio, sais — Sulfato de tetraquis (hidroximetil) fosfônio
02.01.787	Tetrametil succinonitrila
02.01.788	Tetranitrometano
02.01.789	Tetril
02.01.790	Tetróxido de ósmio
02.01.791	Thiram
02.01.792	Tiotepa
02.01.793	Titânio
02.01.794	4,4'-Tiobis (6-terc-butil-m-cresol)
02.01.795	o-Tolidina
02.01.796	Tolueno
02.01.797	Tolueno 2,4 ou 2,6 -diisocianato (ou como mistura)
02.01.798	o-Toluidina
02.01.799	m-Toluidina
02.01.800	p-Toluidina
02.01.801	Tório-232 e seus produtos de decaimento
02.01.802	Tribrometo de boro
02.01.803	Tribromometano
02.01.804	Tricloreto de fósforo
02.01.805	Tricloreto de vinila
02.01.806	Triclorfon
02.01.807	Triclorometil benzeno
02.01.808	1,1,2-Tricloro-1,2,2-trifluoretano
02.01.809	1,2,4-Triclorobenzeno
02.01.810	1,1,1 Tricloroetano

Tabela 23 — Fatores de Risco do Meio Ambiente do Trabalho	
02.01.811	1,1,2-Tricloroetano
02.01.812	Tricloroetileno
02.01.813	Triclorometano
02.01.814	Triclorofluormetano
02.01.815	Tricloronaftaleno
02.01.816	1,2,3-Tricloropropano
02.01.817	Trietanolamina
02.01.818	Trietilamina
02.01.819	Trifluorbromometano
02.01.820	Trifluoreto de boro
02.01.821	Trifluoreto de cloro
02.01.822	Trifluoreto de nitrogênio
02.01.823	Trifluormonobramometano
02.01.824	1,3,5-Triglicidil-s-triazinetriona
02.01.825	Trimetilamina
02.01.826	Trimetil benzeno (mistura de isômeros)
02.01.827	2,4,6-Trinitrotolueno
02.01.828	trióxido de amônio
02.01.829	Trióxido de antimônio — Produção
02.01.830	Tungstênio e seus compostos
02.01.831	Urânio (natural) Compostos solúveis e insolúveis
02.01.832	n-Valeraldeído
02.01.833	Vinibenzeno
02.01.834	4-Vinilciclohexeno
02.01.835	n-Vinil-2-pirrolidone
02.01.836	Vinil tolueno
02.01.837	Warfarin
02.01.838	Xileno (o, m e p isômeros)
02.01.839	Xilidina (mistura de isômeros)
02.01.840	Xisto betuminoso

Tabela 23 — Fatores de Risco do Meio Ambiente do Trabalho	
02.01.841	Zircônio e compostos
02.01.999	Outros
03.01.000	**BIOLÓGICO**
03.01.001	Trabalho ou operações, em contato permanente com pacientes em isolamento por doenças infecto-contagiosas, bem como objetos de seu uso, não previamente esterilizados
03.01.002	Trabalho ou operações, em contato permanente com carnes, glândulas, vísceras, sangue, ossos, couros, pêlos e dejeções de animais portadores de doenças infecto-contagiosas (carbunculose, brucelose, tuberculose)
03.01.003	Trabalho ou operações, em contato permanente com esgotos (galerias e tanques)
03.01.004	Trabalho ou operações, em contato permanente com lixo urbano (coleta e industrialização)
03.01.005	Trabalhos e operações em contato permanente com pacientes, animais ou com material infecto-contagiante, em hospitais, serviços de emergência, enfermarias, ambulatórios, postos de vacinação e outros estabelecimentos destinados aos cuidados da saúde humana (aplica-se unicamente ao pessoal que tenha contato com os pacientes, bem como aos que manuseiam objetos de uso desses pacientes, não previamente esterilizados)
03.01.006	Trabalhos e operações em contato permanente com pacientes, animais ou com material infecto-contagiante, em hospitais, ambulatórios, postos de vacinação e outros estabelecimentos destinados ao atendimento e tratamento de animais (aplica-se apenas ao pessoal que tenha contato com tais animais)
03.01.007	Trabalhos e operações em contato permanente com pacientes, animais ou com material infecto-contagiante, em contato, em laboratórios, com animais destinados ao preparo de soro, vacinas e outros produtos
03.01.008	Trabalhos e operações em contato permanente com pacientes, animais ou com material infecto-contagiante, em laboratórios de análise clínica e histopatologia (aplica-se tão só ao pessoal técnico)
03.01.009	Trabalhos e operações em contato permanente com pacientes, animais ou com material infecto-contagiante, em gabinetes de autópsias, de anatomia e histoanatomopatologia (aplica-se somente ao pessoal técnico)
03.01.010	Trabalhos e operações em contato permanente com pacientes, animais ou com material infecto-contagiante, em cemitérios (exumação de corpos)
03.01.011	Trabalhos e operações em contato permanente com pacientes, animais ou com material infecto-contagiante, em estábulos e cavalariças e
03.01.012	Trabalhos e operações em contato permanente com pacientes, animais ou com material infecto-contagiante, em resíduos de animais deteriorados
03.01.013	Trabalho de exumação de corpos e manipulação de resíduos de animais deteriorados

	Tabela 23 — Fatores de Risco do Meio Ambiente do Trabalho
03.01.014	Esvaziamento de biodigestores
03.01.999	Outros
04.01.000	**ERGONÔMICO — BIOMECÂNICOS**
04.01.001	Exigência de posturas incômodas ou pouco confortáveis por longos períodos
04.01.002	Postura sentada por longos períodos
04.01.003	Postura de pé por longos períodos
04.01.004	Constante deslocamento a pé durante a jornada de trabalho
04.01.005	Exigência de esforço físico intenso
04.01.006	Levantamento e transporte manual de cargas ou volumes
04.01.007	Frequente ação de puxar/empurrar cargas ou volumes
04.01.008	Frequente execução de movimentos repetitivos
04.01.009	Manuseio de ferramentas e/ou objetos pesados por períodos prolongados
04.01.999	Outros
04.02.000	**ERGONÔMICO — MOBILIÁRIO E EQUIPAMENTOS**
04.02.001	Mobiliário sem meios de regulagem de ajuste
04.02.002	Equipamentos e/ou máquinas sem meios de regulagem de ajuste ou sem condições de uso
04.02.999	Outros
04.03.000	**ERGONÔMICO — ORGANIZACIONAIS**
04.03.001	Ausência de pausas para descanso ou não cumprimento destas durante a jornada
04.03.002	Necessidade de manter ritmos intensos de trabalho
04.03.003	Trabalho com necessidade de variação de turnos
04.03.004	Monotonia
04.03.005	Ausência de um plano de capacitação, habilitação, reciclagem e atualização dos empregados
04.03.006	Cobrança de metas de impossível atingimento
04.03.999	Outros
04.04.000	**ERGONÔMICO — PSICOSSOCIAIS / COGNITIVOS**
04.04.001	Situações de estresse

\multicolumn{2}{c}{Tabela 23 — Fatores de Risco do Meio Ambiente do Trabalho}
04.04.002	Situações de sobrecarga de trabalho mental
04.04.003	Exigência de alto nível de concentração ou atenção
04.04.004	Meios de comunicação ineficientes
04.04.999	Outros
05.01.000	**MECÂNICO/ACIDENTES**
05.01.001	Trabalho em altura
05.01.002	Iluminação inadequada
05.01.003	Choque elétrico
05.01.004	Choque mecânico
05.01.005	Arranjo físico inadequado
05.01.006	Incêndio e explosão (probabilidade)
05.01.007	Máquinas e equipamentos sem proteção
05.01.008	Máquinas e equipamentos com proteção inadequada
05.01.009	Armazenamento inadequado
05.01.010	Ferramentas inadequadas ou defeituosas
05.01.011	Soterramento
05.01.012	Animais peçonhentos
05.01.013	Animais domésticos/Risco a acidentes de ataque
05.01.014	Animais selvagens/Risco a acidentes de ataque
05.01.015	Cortes e perfurações
05.01.016	Queimaduras
05.01.017	Acidentes de trânsito
05.01.999	Outros
06.01.000	**PERICULOSOS**
06.01.001	Explosivos
06.01.002	Inflamáveis
06.01.003	Energia elétrica
06.01.004	Radiações Ionizantes ou substâncias radioativas
06.01.005	Profissionais de segurança pessoal ou patrimonial

Tabela 23 — Fatores de Risco do Meio Ambiente do Trabalho	
06.01.006	As atividades laborais com utilização de motocicleta ou motoneta no deslocamento de trabalhador em vias públicas são consideradas perigosas
06.01.999	Outros
07.01.000	**PENOSOS**
07.01.001	Decisão judicial
07.01.002	Acordo — Convenção
07.01.003	Liberalidade
07.01.999	Outros
08.01.000	**ASSOCIAÇÃO DE FATORES DE RISCO**
08.01.001	Mineração subterrânea cujas atividades sejam exercidas afastadas das frentes de produção
08.01.002	Trabalhos em atividades permanentes no subsolo de minerações subterrâneas em frente de produção
08.01.999	Outros
09.01.000	**AUSÊNCIA DE FATORES DE RISCO**
09.01.001	Ausência de fator de risco

Tabela 24 — Codificação de Acidente de Trabalho	
Código	**DESCRIÇÃO DE SITUAÇÃO**
1.0.01	Lesão corporal que cause a morte ou a perda ou redução, permanente ou temporária, da capacidade para o trabalho, desde que não enquadrada em nenhum dos demais códigos
1.0.02	Perturbação funcional que cause a morte ou a perda ou redução, permanente ou temporária, da capacidade para o trabalho, desde que não enquadrada em nenhum dos demais códigos
2.0.01	Doença profissional, assim entendida a produzida ou desencadeada pelo exercício do trabalho peculiar a determinada atividade e constante da respectiva relação elaborada pelo Ministério do Trabalho e Previdência Social, desde que não enquadrada em nenhum dos demais códigos
2.0.02	Doença do trabalho, assim entendida a adquirida ou desencadeada em função de condições especiais em que o trabalho é realizado e com ele se relacione diretamente, constante da respectiva relação elaborada pelo Ministério do Trabalho e Previdência Social, desde que não enquadrada em nenhum dos demais códigos

Tabela 24 — Codificação de Acidente de Trabalho

Código	DESCRIÇÃO DE SITUAÇÃO
2.0.03	Doença proveniente de contaminação acidental do empregado no exercício de sua atividade
2.0.04	Doença endêmica adquirida por segurado habitante de região em que ela se desenvolva quando resultante de exposição ou contato direto determinado pela natureza do trabalho
2.0.05	Doença profissional ou do trabalho não incluída na relação elaborada pelo Ministério do Trabalho e Previdência Social quando resultante das condições especiais em que o trabalho é executado e com ele se relaciona diretamente
2.0.06	Doença profissional ou do trabalho enquadrada na relação elaborada pelo Ministério do Trabalho e Previdência Social relativa nexo técnico epidemiológico previdenciário — NTEP
3.0.01	Acidente ligado ao trabalho que, embora não tenha sido a causa única, haja contribuído diretamente para a morte do segurado, para redução ou perda da sua capacidade para o trabalho, ou produzido lesão que exija atenção médica para a sua recuperação
3.0.02	Acidente sofrido pelo segurado no local e no horário do trabalho, em consequência de ato de agressão, sabotagem ou terrorismo praticado por terceiro ou companheiro de trabalho
3.0.03	Acidente sofrido pelo segurado no local e no horário do trabalho, em consequência de ofensa física intencional, inclusive de terceiro, por motivo de disputa relacionada ao trabalho
3.0.04	Acidente sofrido pelo segurado no local e no horário do trabalho, em consequência de ato de imprudência, de negligência ou de imperícia de terceiro ou de companheiro de trabalho
3.0.05	Acidente sofrido pelo segurado no local e no horário do trabalho, em consequência de ato de pessoa privada do uso da razão
3.0.06	Acidente sofrido pelo segurado no local e no horário do trabalho, em consequência de desabamento, inundação, incêndio e outros casos fortuitos ou decorrentes de força maior
3.0.07	Acidente sofrido pelo segurado ainda que fora do local e horário de trabalho na execução de ordem ou na realização de serviço sob a autoridade da empresa
3.0.08	Acidente sofrido pelo segurado ainda que fora do local e horário de trabalho na prestação espontânea de qualquer serviço à empresa para lhe evitar prejuízo ou proporcionar proveito
3.0.09	Acidente sofrido pelo segurado ainda que fora do local e horário de trabalho em viagem a serviço da empresa, inclusive para estudo quando financiada por esta dentro de seus planos para melhor capacitação da mão de obra, independentemente do meio de locomoção utilizado, inclusive veículo de propriedade do segurado

Tabela 24 — Codificação de Acidente de Trabalho

Código	DESCRIÇÃO DE SITUAÇÃO
3.0.10	Acidente sofrido pelo segurado ainda que fora do local e horário de trabalho no percurso da residência para o local de trabalho ou deste para aquela, qualquer que seja o meio de locomoção, inclusive veículo de propriedade do segurado
3.0.11	Acidente sofrido pelo segurado nos períodos destinados a refeição ou descanso, ou por ocasião da satisfação de outras necessidades fisiológicas, no local do trabalho ou durante este
4.0.01	Suspeita de doenças profissionais ou do trabalho produzidas pelas condições especiais de trabalho, nos termos do art. 169 da CLT
4.0.02	Constatação de ocorrência ou agravamento de doenças profissionais, através de exames médicos que incluam os definidos na NR-7; ou, sendo verificadas alterações que revelem qualquer tipo de disfunção de órgão ou sistema biológico, através dos exames constantes dos Quadros I (apenas aqueles com interpretação SC) e II, e do item 7.4.2.3 desta NR, mesmo sem sintomatologia, caberá ao médico-coordenador ou encarregado
5.0.01	Outros

Tabela 25 — Tipos de Benefícios Previdenciários dos Regimes Próprios de Previdência

Código	DESCRIÇÃO DO BENEFÍCIO
1	Aposentadoria Voluntária por Idade e Tempo de Contribuição — Proventos Integrais: Art. 40, § 1º, III "a" da CF, Redação EC n. 20/98
2	Aposentadoria por Idade — Proventos proporcionais: Art. 40, III, c da CF redação original — Anterior à EC n. 20/1998
3	Aposentadoria por Invalidez — Proventos integrais ou proporcionais: Art. 40, I da CF redação original — anterior à EC n. 20/1998
4	Aposentadoria Compulsória — Proventos proporcionais: Art. 40, II da CF redação original, anterior à EC n. 20/1998*
5	Aposentadoria por Tempo de Serviço Integral — Art. 40, III, a da CF redação original — anterior à EC n. 20/1998*
6	Aposentadoria por Tempo de Serviço Proporcional — Art. 40, III, a da CF redação original — anterior à EC n. 20/1998*
7	Aposentadoria Compulsória Proporcional calculada sobre a última remuneração — Art. 40, § 1º, Inciso II da CF, Redação EC n. 20/1998
8	Aposentadoria Compulsória Proporcional calculada pela média — Art. 40, § 1º Inciso II da CF, Redação EC n. 41/03
9	Aposentadoria Compulsória Proporcional calculada pela média — Art. 40, § 1º Inciso II da CF, Redação EC n. 41/03, c/c EC n. 88/2015

Tabela 25 — Tipos de Benefícios Previdenciários dos Regimes Próprios de Previdência	
Código	DESCRIÇÃO DO BENEFÍCIO
10	Aposentadoria Compulsória Proporcional calculada pela média — Art. 40, § 1º Inciso II da CF, Redação EC n. 41/03, c/c LC n. 152/2015
11	Aposentadoria — Magistrado, Membro do MP e TC — Proventos Integrais correspondentes à última remuneração: Regra de Transição do Art. 8º, da EC n. 20/98
12	Aposentadoria — Proventos Integrais correspondentes à última remuneração — Regra de Transição do Art. 8º, da EC n. 20/98:Geral
13	Aposentadoria Especial do Professor — Regra de Transição do Art. 8º, da EC n. 20/98: Proventos Integrais correspondentes à última remuneração
14	Aposentadoria com proventos proporcionais calculados sobre a última remuneração — Regra de Transição do Art. 8º, da EC n. 20/98 — Geral
15	Aposentadoria — Regra de Transição do Art. 3º, da EC n. 47/05: Proventos Integrais correspondentes à última remuneração
16	Aposentadoria Especial de Professor — Regra de Transição do Art. 2º, da EC n. 41/03: Proventos pela Média com redutor (Implementação a partir de 1º.1.2006)
17	Aposentadoria Especial de Professor — Regra de Transição do Art. 2º, da EC41/03: Proventos pela Média com redutor (Implementação até 31.12.2005)
18	Aposentadoria Magistrado, Membro do MP e TC (homem) — Regra de Transição do Art. 2º, da EC n. 41/03: Proventos pela Média com redutor (Implementação a partir de 1º.1.2006)
19	Aposentadoria Magistrado, Membro do MP e TC — Regra de Transição do Art. 2º, da EC n. 41/03: Proventos pela Média com redutor (Implementação até 31.12.2005)
20	Aposentadoria Voluntária — Regra de Transição do Art. 2º, da EC n. 41/03 — Proventos pela Média com redutor — Geral (Implementação a partir de 1º.1.2006)
21	Aposentadoria Voluntária — Regra de Transição do Art. 2º, da EC n. 41/03 — Proventos pela Média reduzida — Geral (Implementação até 31.12.2005)
22	Aposentadoria Voluntária — Regra de Transição do Art. 6º, da EC n. 41/03: Proventos Integrais correspondentes à ultima remuneração do cargo — Geral
23	Aposentadoria Voluntária Professor Educação infantil, ensino fundamental e médio — Regra de Transição do Art. 6º, da EC n. 41/03: Proventos Integrais correspondentes à última remuneração do cargo
24	Aposentadoria Voluntária por Idade — Proventos Proporcionais calculados sobre a última remuneração do cargo: Art. 40, § 1º, Inciso III, alínea "b" CF, Redação EC n. 20/98
25	Aposentadoria Voluntária por Idade — Proventos pela Média proporcionais — Art. 40, § 1º, Inciso III, alínea "b" CF, Redação EC n. 41/03

\multicolumn{2}{c}{**Tabela 25 — Tipos de Benefícios Previdenciários dos Regimes Próprios de Previdência**}
Código	**DESCRIÇÃO DO BENEFÍCIO**
26	Aposentadoria Voluntária por Idade e por Tempo de Contribuição — Proventos pela Média: Art. 40, § 1º, Inciso III, aliena "a", CF, Redação EC n. 41/03
27	Aposentadoria Voluntária por Tempo de Contribuição — Especial do professor de q/q nível de ensino — Art. 40, III, alínea b, da CF- Red. Original até EC n. 20/1998
28	Aposentadoria Voluntária por idade e Tempo de Contribuição — Especial do professor ed. infantil, ensino fundamental e médio — Art. 40, § 1º, Inciso III, alínea a, c/c § 5º da CF red. da EC n. 20/1998
29	Aposentadoria Voluntária por idade e Tempo de Contribuição — Especial de Professor — Proventos pela Média: Art. 40, § 1º, Inciso III, alínea "a", C/C § 5º da CF, Redação EC n. 41/2003
30	Aposentadoria por Invalidez (proporcionais ou integrais, calculadas com base na última remuneração do cargo) — Art. 40, Inciso I, Redação Original, CF
31	Aposentadoria por Invalidez (proporcionais ou integrais, calculadas com base na última remuneração do cargo) — Art. 40, § 1º, Inciso I da CF com Redação da EC n. 20/1998
32	Aposentadoria por Invalidez (proporcionais ou integrais, calculadas pela média) — Art. 40, § 1º, Inciso I da CF com Redação da EC n. 41/2003
33	Aposentadoria por Invalidez (proporcionais ou integrais calculadas com base na última remuneração do cargo) — Art. 40, § 1º, Inciso I da CF C/C combinado com Art. 6º-A da EC n. 70/2012
34	Reforma por invalidez
35	Reserva Remunerada Compulsória
36	Reserva Remunerada Integral
37	Reserva Remunerada Proporcional
38	Auxílio-doença — Conforme lei do Ente
39	Auxílio-reclusão — Art. 13 da EC n. 20/1998 c/c lei do Ente
40	Pensão por Morte
41	Salário-família — Art. 13 da EC n. 20/1998 c/c lei do Ente
42	Salário-maternidade — Art. 7º, XVIII c/c art. 39, § 3º da Constituição Federal
43	Complementação de Aposentadoria do Regime Geral de Previdência Social (RGPS)
44	Complementação de Pensão por Morte do Regime Geral de Previdência Social (RGPS)
91	Aposentadoria sem paridade concedida antes do início de vigência do eSocial

Tabela 25 — Tipos de Benefícios Previdenciários dos Regimes Próprios de Previdência	
Código	DESCRIÇÃO DO BENEFÍCIO
92	Aposentadoria com paridade concedida antes do início de vigência do eSocial
93	Aposentadoria por invalidez com paridade concedida antes do início de vigência do eSocial
94	Aposentadoria por invalidez sem paridade concedida antes do início de vigência do eSocial
95	Transferência para reserva concedida antes do início de vigência do eSocial
96	Reforma concedida antes do início de vigência do eSocial
97	Pensão por morte com paridade concedida antes do início de vigência do eSocial
98	Pensão por morte sem paridade concedida antes do início de vigência do eSocial
99	Outros benefícios previdenciários concedidos antes do início de vigência do eSocial

7. IMPLICAÇÕES PRÁTICAS DA IMPLEMENTAÇÃO DO eSOCIAL E AS PREOCUPAÇÕES RELATIVAS À INTERPRETAÇÃO DAS INFORMAÇÕES RELATIVAS À SAÚDE E SEGURANÇA DO TRABALHO

O Manual do Orientação do eSocial (Versão 2.4.1), afirma que este estabelece a forma com que passam a ser prestadas as informações trabalhistas, previdenciárias, tributárias e fiscais relativas à contratação e utilização de mão de obra onerosa, com ou sem vínculo empregatício, e de produção rural. Portanto, não caracterizaria uma nova obrigação tributária acessória, mas apenas uma nova forma de cumprir obrigações trabalhistas, previdenciárias e tributárias já existentes. Com isso, o eSocial não alteraria as legislações específicas de cada área, mas criaria uma forma única e mais simplificada de atendê-las.

Segundo o governo federal, são princípios do eSocial: destaques pelo autor deste texto:

- **DAR MAIOR EFETIVIDADE À FRUIÇÃO DOS DIREITOS FUNDAMENTAIS TRABALHISTAS E PREVIDENCIÁRIOS DOS TRABALHADORES**;

- **racionalizar e simplificar o cumprimento de obrigações previstas na legislação pátria de cada matéria;**

- **eliminar a redundância nas informações prestadas pelas pessoas físicas e jurídicas obrigadas;**

- **APRIMORAR A QUALIDADE DAS INFORMAÇÕES REFERENTES ÀS RELAÇÕES DE TRABALHO, PREVIDENCIÁRIAS E FISCAIS; e**

- conferir tratamento diferenciado às microempresas — ME e empresas de pequeno porte — EPP.

A prestação das informações pelo eSocial substituirá, na forma disciplinada pelos órgãos ou entidades participantes, o procedimento do envio das mesmas informações por meio de diversas declarações, formulários, termos e documentos relativos às relações de trabalho, com a ressalva de que **as informações referentes a períodos anteriores à implantação do eSocial devem ser enviadas pelos sistemas utilizados à época**.

Deve-se atentar ainda para o fato de que os integrantes do Comitê Gestor disciplinarão os procedimentos e os efeitos para que as informações prestadas no eSocial componham a base de cálculo para a apuração das contribuições sociais previdenciárias e da contribuição para o FGTS delas decorrentes, **ASSIM COMO A BASE DE DADOS PARA FINS DE CÁLCULO E CONCESSÃO DE BENEFÍCIOS PREVIDENCIÁRIOS E TRABALHISTAS**, em atos administrativos específicos das autoridades competentes.

E de fato, o tipo de benefício previdenciário concedido ao trabalhador pode ter impactos sobre as despesas mensais da empresa (no caso de benefício de natureza acidentária — B91 — a empresa continua recolhendo o INSS durante todo o afastamento), bem como pode implicar em estabilidade do trabalhador por períodos de tempo em que, dependendo da Convenção Coletiva de Trabalho, podem ser bastante longos (até a aposentadoria). E isto sem contar as indenizações que o empregador pode ser obrigado a pagar, a partir da simples presunção de que a saúde do trabalhador tenha sido acometida em função de sua atividade laboral.

A leitura atenta do Decreto n. 8.373/2014, em especial do seu art. 3º, chama atenção para o fato de existir desde o início a clara intenção **de identificar de maneira mais eficiente e garantir direitos dos trabalhadores**, o que é altamente desejável pelos aspectos preventivos da saúde ocupacional e da seguridade social. O empregador, deve, portanto, se preocupar não apenas com o cumprimento de suas obrigações referentes à saúde e segurança do trabalho, mas também, de maneira extremamente importante, com a qualidade das informações que serão prestadas ao eSocial.

Art. 3º O eSocial rege-se pelos seguintes princípios:

I — *viabilizar a garantia de direitos previdenciários e trabalhistas;*

II — racionalizar e simplificar o cumprimento de obrigações;

III — eliminar a redundância nas informações prestadas pelas pessoas físicas e jurídicas;

IV — *aprimorar a qualidade de informações das relações de trabalho, previdenciárias e tributárias;* e

V — conferir tratamento diferenciado às microempresas e empresas de pequeno porte

obs: destaques elaborados pelos autores deste texto

Na prática, o eSocial visa facilitar a fiscalização dos empregadores em várias áreas da esfera administrativa e previdenciária, sendo que oficialmente consta que **a recepção dos eventos por este sistema não significa o reconhecimento da legalidade dos fatos neles informados**, indicando que a sinalização de uma informação não será interpretada imediatamente como um fato, mas apenas como uma declaração, que poderá ser retificada. De fato, a facilidade de identificação de situações irregulares de descumprimento de direitos trabalhistas e sua correção é algo extremamente desejável, a não ser por quem deliberadamente descumpre as regras legais vigentes, buscando diminuição de custos e aumento da sua lucratividade.

Por outro lado, como se trata de um sistema novo e que acarreta inúmeras dúvidas entre os empregados e os empregadores, é preciso ser muito criterioso para estudar as informações que serão abastecidas no sistema do eSocial. Não se pode olvidar que, muitas vezes, quem preencherá tais informações pode não possuir o conhecimento suficiente e necessário para identificar incorreções, que poderão ser utilizadas em desfavor dos trabalhadores ou dos emitentes deste documento. Há de se ponderar que se trata de um **documento oficial**, cujo conteúdo também pode ser utilizado na Justiça civil ou criminal como se tratando de um indício material documental.

Maria Maeno, comentando sobre a proteção dos dados pessoais dos trabalhadores afirmou: *"A proposta tem sido apresentada simplesmente como uma forma racional e efetiva de se armazenar em arquivos digitais o máximo de informações sobre pessoas, no caso, empregados, independentemente de seu consentimento, sem que se esclareçam questões importantes, como por exemplo, o significado desses registros unificados e dos resultados dos inúmeros cruzamentos de dados, o uso previsto e o uso possível das informações, as formas de controle dos que têm seus dados registrados.* **NÃO HÁ INFORMAÇÕES SOBRE QUEM TERÁ ACESSO AO CONJUNTO DE DADOS COLETADOS E ARMAZENADOS E QUAIS USOS PODERÃO SER FEITOS A PARTIR DELES"*.*[8][9]

A pesquisadora da Fundacentro também expressou preocupação sobre como estas afirmações poderiam ser utilizadas em desfavor dos trabalhadores, da seguinte maneira:

> "Trata-se, afinal, de unificação de dados sobre os trabalhadores, por ora determinados nas tabelas disponíveis no sítio eletrônico oficial, mas que podem ser ampliados para outras esferas julgadas pertinentes pelos partícipes do sistema. Nada impedirá, no futuro, que sejam incluídas informações sobre hábitos pessoais que possam ser úteis a seguradoras de saúde para cálculo de sinistralidade, por exemplo.
>
> Em primeiro lugar, há que se lembrar que se trata de coleta e armazenamento executados e controlados por empregadores, de dados de pessoas com quem têm, por princípio, uma relação permeada pela desigualdade de poder. Trata-se de uma ação compulsória, sem escolha para os empregados. Não há possibilidade de interferência dos empregados na coleta e armazenamento de dados sobre si próprios.
>
> ..."

Por outro prisma, temos visto nos últimos anos que, muitas vezes, a Justiça do Trabalho tem presumido a existência de responsabilidade da empresa pelo adoecimento do trabalhador, a partir de evidências indiretas e altamente questionáveis. Isto ocorre, por exemplo, quando estas decisões são baseadas

---

(8) MAENO, M: O eSocial: para além das tabelas, números e questões operacionais. In: ARAÚJO, Vitor (org.). *Saúde e segurança do trabalho no Brasil*. Ministério Público do Trabalho. Porto Alegre: Movimento, 2017.
(9) Destacado pelos autores deste texto.

em critérios muito pouco consistentes para o estudo de Nexo Causal, como a utilização do chamado Nexo Técnico Epidemiológico (NTEP), entre o CNAE da empresa e o grupamento de CID da doença do trabalhador. Tal raciocínio, pela ótica que possuímos quanto à medicina legal, é errado, porque o próprio INSS já reconheceu que a natureza do NTEP não é necessariamente causal. Isto leva ao questionamento sobre o que ocorrerá a partir de janeiro de 2019, quando o NTEP tem o potencial de ser caracterizado a partir das informações constantes no eSocial, sem passar pelo filtro da perícia médica do INSS?

De fato, informar o diagnóstico errado de uma moléstia do trabalhador, mediante uma hipótese diagnóstica expressa no CID de um atestado,(lembrando sempre que hipótese diagnóstica é muito diferente de diagnóstico confirmado), passa a representar um risco de que o trabalhador receba um benefício de natureza errada, ou, por outro lado, que o empregador seja penalizado em situações em que efetivamente não deveria haver uma associação etiológica entre as atividades de seu colaborador e as doenças, comuns na população em geral, que manifesta sem que haja uma vinculação consistente com seu trabalho.

Também em relação à caracterização de Atividade Insalubre, não são raras as vezes em que nos deparamos com conclusões periciais pela caracterização de atividade insalubre em razão de anotação de informações incorretas em PPRA's ou LTCAT's, mesmo que em uma perícia oficial seja constatada uma situação totalmente diferente. A justificativa mais comum neste tipo de situação é de que se trata de informação oficial, prestada pela empresa, referente a um período de tempo passado, cujas condições poderiam ser diferentes (mesmo com testemunhas asseverando que não houve mudanças no ambiente e no processo de trabalho).

Como se percebe, há críticas e temores em relação ao eSocial tanto por parte de empregados quanto pelos empregadores. E este temor é natural, uma vez que por mais que tenham boa vontade e se esmerem, os técnicos que desenvolveram o eSocial não teriam como prever todos os vieses de erro possíveis em relação ao eSocial, o que somente deve começar a ser observado a partir da implementação efetiva do programa.

> **Como toda implantação de um sistema novo de informações, há maior possibilidade de que ocorram confusões de preenchimento e de interpretação, aumentando o risco de repercussões jurídicas e tributárias desnecessárias.**

Por um lado, como assevera Maria Maeno, de que as informações constantes no eSocial sejam utilizadas em presunções judiciais, prejudiciais ao trabalhador, como, por exemplo, a presunção da inexistência de trabalho insalubre quando este poderia ser enquadrado desta forma; ou então da incorreta descaracterização de uma doença ocupacional. Por outro lado, como entendemos que os critérios de avaliação muitas vezes são pouco consistentes e pouco padronizados, o risco tende a ser até maior de responsabilização indevida do empregador, quanto à assunção da existência de uma atividade insalubre (quando esta de fato não seria), ou então de culpa do empregador pelo desenvolvimento de doença presumidamente ocupacional, por meio do emprego de uma metodologia associativa causal muito pouco consistente, como NTEP.

> **Isto torna premente que os empregadores invistam pesadamente na qualidade da informação que alimentará, a partir de janeiro de 2019, o banco de dados do eSocial. É imperioso contar com informações altamente consistentes de saúde e segurança do trabalho para alimentar corretamente as planilhas do eSocial, sob o risco de causar prejuízos indevidos e irremediáveis para trabalhadores ou, em especial, para os empregadores.**

A partir de janeiro de 2019, todas as empresas privadas vão ter que alimentar o sistema do eSocial com as informações relativas à Saúde e Segurança do Trabalho. Ocorre que a grande maioria das empresas pode não estar preparada para preencher corretamente as informações solicitadas, parte por sua falta de estrutura para gerenciamento das questões de saúde e segurança ocupacionais, parte pela baixa qualidade das informações médicas quanto aos diagnósticos dos seus colaboradores e dos serviços prestados por profissionais de Saúde e Segurança do Trabalho que se dedicam a prestar trabalhos de alta demanda e baixo custo.

Independentemente da causa, ou do causador, o certo é que os empregadores poderão ser responsabilizados a partir das informações que fizerem constar nas planilhas do eSocial.

Informações equivocadas a respeito do diagnóstico das doenças dos trabalhadores, assim como avaliações genéricas, simplistas e mal elaboradas referentes aos agentes de risco efetivamente existentes no ambiente de trabalho e a caracterização ou não da insalubridade, podem gerar responsabilização e a obrigação de indenizações vultosas, seja em ações trabalhistas ou previdenciárias regressivas.

Por isso é altamente recomendável que aqueles que ainda não o fizeram passem o quanto antes a investir em qualidade dos seus serviços de Saúde e Segurança do Trabalho, e nos seus programas de prevenção, uma vez que o modelo ultrapassado (baixo custo / baixa qualidade técnica), representa um alto potencial de geração de prejuízos por condenações em ações indenizatórias trabalhistas e previdenciárias em curto e médio prazos.

> **Os empregadores necessitam possuir informações consistentes quanto à Saúde e Segurança do Trabalho em suas empresas, que permitam questionar consistentemente eventuais conclusões equivocadas, construídas a partir das informações que alimentam o eSocial.**

Uma preocupação que deve ser ponderada é que a elaboração de uma análise cruzada da grande quantidade de informações do eSocial (Big Data), na ausência de filtros efetivos para análise de vieses de erro, pode levar a conclusões equivocadas pelos mais diferentes profissionais, e, em virtude destas, à **presunção** de situações com potencial de ocasionar a responsabilização previdenciária, civil ou criminal do empregador, ocasionando prejuízos em virtude de sua defesa ou de indenizações que não seriam devidas se corretamente analisadas, sob parâmetros técnicos consistentes.

Por exemplo, os atestados médicos, na maioria das vezes, não relatam diagnósticos de certeza, mas apenas hipóteses diagnósticas. Os Analistas de Recursos Humanos, Administradores e Contadores, via de regra, não possuem capacitação para saber se o CID (Classificação Internacional das Doenças), que consta em um atestado médico reflete o real diagnóstico, ou se os dias de afastamento solicitados refletem a real condição laboral do trabalhador, sendo que frequentemente os empregadores não dispõem de um médico do trabalho para analisar o atestado e examinar o colaborador durante sua vigência. Preencher automaticamente o CID do atestado que motivou o afastamento pode ser interpretado por alguns como sendo um reconhecimento oficial do empregador quanto à ocorrência daquela moléstia, bem como de que tenha causado incapacidade, o que nem sempre corresponde à realidade fática.

E como os atestados médicos, via de regra, expressam hipóteses diagnósticas, não há compromisso legal de seu emitente em relação à precisão do diagnóstico, o que pode representar um importante viés de erro em estudos epidemiológicos, quando estes presumem que os CIDs dos atestados representem diagnósticos corretos e consolidados, sem lançar mão de filtros para minorizar a possibilidade de erros diagnósticos (como, por exemplo, a existência de confirmação diagnóstica por meio de exames subsidiários e pesquisa de diagnósticos diferenciais). E isto é especialmente preocupante em casos em que sintomas são confundidos com doenças, como ocorre em episódios depressivos e síndromes dolorosas, assim como nos casos de simulação mal avaliados.

De maneira geral, no Brasil, as consultas médicas, seja em ambulatórios ou em Unidades de Pronto Atendimento, não são realizadas em condições ideais, e isto se aplica não apenas para o Serviço Público, como para o atendimento de convênios e particulares.

De fato, não é incomum que, no serviço público (assim como em clínicas que atendam a convênios), as consultas tenham de ser realizadas em poucos minutos, em função do excesso de demanda, bem como do pequeno número de médicos disponível, o que, comumente, faz com que a investigação de antecedentes pessoais, familiares e ocupacionais não seja detalhada. Pelos mesmos motivos, também não é comum que nestas condições de trabalho, sejam realizadas investigações primorosas quanto aos diagnósticos etiológicos e diferenciais para as queixas de saúde dos pacientes. O usual, em parte considerável das vezes, é que o médico, oprimido por pressões temporais para realizar o atendimento rapidamente, tente enquadrar as queixas do paciente dentro de diagnósticos sindrômicos, que permitam tratamentos genéricos.

Por este prisma, é mais fácil, embora não seja o correto, para o profissional de saúde presumir que o paciente que, por exemplo, relata sintomas de tristeza e adinamia apresenta um episódio depressivo, prescrevendo apenas antidepressivos e afastamento de suas atividades, ao invés de gastar horas e horas investigando a história clínica do paciente, para entender o seu contexto familiar, se há história de abuso de substâncias psicoativas ou não, ou mesmo se o quadro depressivo é apenas parte de outros transtornos psiquiátricos mais graves, como Transtorno Afetivo Bipolar, Transtornos Esquizoafetivos, síndromes orgânicas etc. E em relação às doenças osteomusculares, isto não é diferente.

No 36º Congresso Brasileiro de Ortopedia e Traumatologia (Rio de Janeiro, 2004), os Drs. Leonardo Metsavaht e Oskar Metsavaht apresentaram trabalho de revisão bibliográfica em que apontaram que as "tendinites" foram bastante popularizadas no meio ortopédico como o diagnóstico de praticamente qualquer processo doloroso invisível aos raios-x. Além disso, em geral, o estudo das tendinopatias seria muito segmentar (ombro, joelho, tornozelo, cotovelo etc.), e o pouco que tem sido escrito não seria apresentado de forma didática e objetiva. Estas poderiam ser classificadas da seguinte maneira:

1 — TRAUMÁTICAS (tendinites: 15%)

1a — trauma direto (contusão);

1b — trauma indireto (estiramento);

1c — esforço incomum (pequenos traumas);

2 — DEGENERATIVAS (tendinoses)

2a — idiopáticas (predisposição genética + ambiental: 60-75%);

2b — microtraumáticas (esforço repetitivo: 4-15%).

3 — HEREDITÁRIAS (2%)

3a — proliferativas: artrite reumatóide (AR);

3b — deposição: amiloidose, ocronose, gota e pseudogota;

3c — autoimunes: sarcoidose, lúpus eritematoso sistêmico (LES) e psoríase;

3d — distúrbio do colágeno: Síndromes de Ehlers-Danlos, Marfan e omocistinúria.

4 — INFECCIOSAS (staph. aureus, germe mais comum);

5 — OUTRAS (medicamentosas, agentes químicos, virais e por outras causas infrequentes ou pouco esclarecidas até o momento).

E de fato, para um médico, exposto a pressões por atendimento rápido (o que não lhe permite realizar investigações meticulosas), é mais fácil falar para o paciente com queixa de dor no braço que ele apresenta tendinite (que é de fácil compreensão pela maior parte dos pacientes), e prescrever um anti-inflamatório que vai aliviar momentaneamente a sua dor, do que realizar investigações por meio de exames de imagem e laboratoriais, que podem demorar a serem concluídos, condição que seria necessária para se chegar a um diagnóstico definitivo.

Assim sendo, muitas vezes a "tendinite" que consta em um atestado médico é uma hipótese genérica, sendo que nas condições ideais deveria ser exaustivamente investigada e estudada, antes de sugerida documentalmente como um diagnóstico. E de fato, não são raras as vezes em que a "tendinite" constante no atestado na realidade é uma outra condição mórbida, como uma neuropatia, um reumatismo ou mesmo um caso de simulação mal avaliado.

Esta imprecisão diagnóstica gera um risco de que a análise estatística estabeleça a existência de relações entre a atividade do empregador e algumas doenças de alta prevalência na população em geral, que não se enquadrem nos parâmetros necessários para que se possa afirmar haver uma relação de causalidade, sendo que profissionais sem conhecimento aprofundado de epidemiologia, ou que não interessem em considerá-lo, venham interpretar como se tratando da constatação de uma relação etiológica consistente entre o trabalho e tais moléstias. Seria uma repetição de um erro semelhante ao que identificamos na interpretação do NTEP.

O Mesmo raciocínio vale para as informações referentes ao ambiente de trabalho. Ao informar que no ambiente do trabalho havia presença de um produto químico, por exemplo, pode haver a presunção de que a simples presença deste agente no ambiente de trabalho permitiria caracterizar exposição ao mesmo, em condições de insalubridade, o que é um sofisma, uma vez que esta caracterização depende da avaliação de vários elementos, como, por exemplo, o tipo de exposição, as concentrações ambientais, a utilização de medidas de proteção eficazes etc.

8. Ergonomia no eSocial

O eSocial exige que o empregador preencha uma série de informações genéricas sobre aspectos ergonômicos e organizacionais em relação às atividades dos trabalhadores. Essas informações, contudo, apresentam um grande potencial de causar confusões de interpretação, sobretudo no que se diz ao estabelecimento de relações causais entre as doenças dos trabalhadores e as suas atividades para os empregadores. Importante pontuar que até então, embora fosse obrigação do empregador, de acordo com a NR-17, realizar avaliação ergonômica das atividades do trabalhador, não estava explícita a necessidade de elaborar laudos ou pareceres detalhados sobre todos os postos de trabalho, mas parece que este entendimento foi modificado pelo eSocial. E de fato, no Manual de Interpretação da NR-17[10], constava explicitamente:

> 17.1.2. Para avaliar a adaptação das condições de trabalho às características psicofisiológicas dos trabalhadores, cabe ao empregador realizar a análise ergonômica do trabalho, devendo a mesma abordar, no mínimo, as condições de trabalho conforme estabelecido nesta NR.
>
> Este é o subitem mais polêmico da Norma. *Ele foi colocado para ser usado quando o auditor-fiscal do trabalho tivesse dificuldade para entender situações complexas em que fosse necessária a presença de um ergonomista. Evidentemente, nesse caso, os gastos com a análise devem ser cobertos pelo empregador. Têm-se pedido análises ergonômicas de uma forma rotineira e protocolar. Isso só tem dado margem a que se façam análises grosseiras e superficiais que em nada contribuem para a melhoria das condições de trabalho. Na solicitação da análise ergonômica, deve-se ter clareza de qual é a demanda, enfocando-se um problema específico*[11]. Sempre que o auditor-fiscal do trabalho solicitar uma análise, deve explicitar claramente qual é o problema que quer resolver e pelo qual está pedindo ajuda a um ergonomista.

Nas milhares de perícias que acompanhamos direta ou indiretamente, encontramos em diversas vezes situações em que avaliações ergonômicas existentes apresentavam erros metodológicos de interpretação umas vezes diminuindo, outras aumentando demasiadamente a intensidade do risco existente, ou ainda generalizando para todo um membro o risco existente para um de seus segmentos (por exemplo, constatar a existência de risco médio para punhos, utilizando uma metodologia como Moore & Garg, e apresentar a conclusão de que havia risco para todo o membro superior, incluindo ombros, o que constitui um erro material importante.

Novamente, o que temos insistido em vários momentos nesta obra: deve-se investir em trabalhos bem feitos, por profissionais experientes e bem qualificados,

---

(10) Brasil, Ministério do Trabalho. *Manual de Aplicação da NR-17*. 2 ed. Brasília: MTE, SIT, 2002.
(11) Destacado pelos autores desta obra.

afinal as informações que alimentarão o eSocial são um documento oficial que também versa sobre as condições laborais da empresa. O preenchimento incorreto das planilhas do eSocial referentes à ergonomia, pode levar a conclusões ou presunções equivocadas quanto à caracterização ou descaracterização de doenças ocupacionais não apenas do sistema osteomuscular, mas também relativas à saúde mental. Da mesma maneira que para as outras planilhas referentes à Saúde e Segurança do Trabalho, o preenchimento das informações deve ser muito correto e criterioso, pois implica em consequências não apenas para a saúde do trabalhador, mas também quanto à responsabilização do empregador e seus gestores.

As informações referentes à ergonomia terão como parâmetro a seguinte tabela:

04.01.000	ERGONÔMICO — BIOMECÂNICOS	ORIENTAÇÃO DE PREENCHIMENTO
04.01.001	Exigência de posturas incômodas ou pouco confortáveis por longos períodos	Aplicável às situações em que o trabalhador, para exercer sua atividade, necessita adotar posturas incômodas ou desconfortáveis durante longos períodos ou várias vezes durante a jornada de trabalho
04.01.002	Postura sentada por longos períodos	Aplicável às situações em que o trabalhador, para exercer sua atividade, necessita permanecer sentado por longos períodos contínuos durante a jornada de trabalho
04.01.003	Postura de pé por longos períodos	Aplicável às situações em que o trabalhador, para exercer sua atividade, necessita ficar de pé por longos períodos contínuos durante a jornada de trabalho
04.01.004	Constante deslocamento a pé durante a jornada de trabalho	Aplicável às situações em que o trabalhador, para exercer sua atividade, necessita se deslocar a pé por longos períodos contínuos durante a jornada de trabalho
04.01.005	Exigência de esforço físico intenso	Aplicável às situações em que o trabalhador, para exercer sua atividade, necessita realizar esforço físico intenso, de toda e qualquer natureza
04.01.006	Levantamento e transporte manual de cargas ou volumes	Aplicável às situações em que o trabalhador, para exercer sua atividade, necessita fazer regularmente o levantamento e o transporte manual de cargas ou volumes de maneira contínua ou mesmo descontínua
04.01.007	Frequente ação de puxar/empurrar cargas ou volumes	Aplicável às situações em que o trabalhador, para exercer sua atividade, necessita realizar esforço físico para puxar e/ou empurrar cargas ou volumes de toda e qualquer natureza

04.01.008	Frequente execução de movimentos repetitivos	Aplicável às situações em que o trabalhador, para exercer sua atividade, necessita exercer o mesmo movimento repetidamente por períodos contínuos durante a jornada de trabalho
04.01.009	Manuseio de ferramentas e/ou objetos pesados por períodos prolongados	Aplicável às situações em que o trabalhador, para exercer sua atividade, necessita manusear ferramentas e/ou objetos pesados por longos períodos durante a jornada de trabalho
04.01.010	Outros	Outras situações que possam ser relacionadas às estruturas e/ou ao sistema locomotor do corpo humano
04.02.000	**ERGONÔMICO — MOBILIÁRIO E EQUIPAMENTOS**	**ORIENTAÇÃO DE PREENCHIMENTO**
04.02.001	Mobiliário sem meios de regulagem de ajuste	Aplicável às situações em que o trabalhador, para exercer sua atividade, não dispõe de meios de regulagem de ajuste em seu mobiliário de trabalho (mesa, bancada, estação de trabalho, cadeira e banco)
04.02.002	Equipamentos e/ou máquinas sem meios de regulagem de ajuste ou sem condições de uso	Aplicável às situações em que o trabalhador, para exercer sua atividade, disponha de equipamentos ou máquinas que estejam sem condições de uso ou não possuam meios de regulagem para ajuste
04.02.003	Outros	Outras situações que possam ser relacionadas às questões de mobiliário e equipamentos não mencionadas acima
04.03.000	**ERGONÔMICO — ORGANIZACIONAIS**	**ORIENTAÇÃO DE PREENCHIMENTO**
04.03.001	Ausência de pausas para descanso ou não cumprimento destas durante a jornada	Aplicável às situações em que o trabalhador, para exercer sua atividade, não dispõe da possibilidade de fazer interrupções periódicas para descanso durante a jornada de trabalho
04.03.002	Necessidade de manter ritmos intensos de trabalho	Aplicável às situações em que o trabalhador necessita manter um ritmo intenso de trabalho, seja físico ou mental, para cumprir suas atividades
04.03.003	Trabalho com necessidade de variação de turnos	Aplicável às situações em que o trabalhador necessita exercer sua atividade em jornadas de trabalho escalonadas que podem ter turnos variáveis entre matutino, vespertino e noturno

04.03.004	Monotonia	Aplicável às situações em que o trabalhador esteja alocado em ambiente uniforme, pobre em estímulos ou pouco excitantes e executa o mesmo tipo de tarefa continuamente durante a jornada de trabalho
04.03.005	Ausência de um plano de capacitação, habilitação, reciclagem e atualização dos empregados	Aplicável às situações em que o empregado não participa de um plano de desenvolvimento profissional, não recebe instruções formais de trabalho, cursos ou treinamentos relacionados à sua área de atuação
04.03.006	Cobrança de metas de impossível atingimento	Aplicável às situações em que o trabalhador é cobrado por metas de produtividade que não estão de acordo com a sua realidade de alcance
04.03.007	Outros	Outras situações que possam ser relacionadas à organização do trabalho
04.04.000	**ERGONÔMICO — PSICOSSOCIAIS / COGNITIVOS**	**ORIENTAÇÃO DE PREENCHIMENTO**
04.04.001	Situações de estresse	Aplicável às situações em que o trabalhador sofre exigências físicas ou mentais exageradas. Estas exigências podem estar relacionadas ao conteúdo ou às condições de trabalho, aos fatores organizacionais ou a pressões econômico-sociais
04.04.002	Situações de sobrecarga de trabalho mental	Aplicável às situações em que o empregado realiza trabalho de alta exigência mental, que envolva muitas tarefas e grandes responsabilidades
04.04.003	Exigência de alto nível de concentração ou atenção	Aplicável às situações em que o empregado necessita de alto nível de concentração ou atenção para realizar suas atividades
04.04.004	Meios de comunicação ineficientes	Aplicável às situações em que os sistemas de comunicação, de todas as naturezas, são falhos ou ineficientes para que o empregado consiga realizar suas atividades
04.04.005	Outros	Outras situações que possam ser relacionadas às questões que envolvam processos mentais de percepção, memória, juízo e/ou raciocínio, bem como aspectos psicológicos e sociais

Chama atenção o fato de que esta tabela é apresentada duas vezes no Manual de Orientação do eSocial. A primeira vez que esta tabela é apresentada no aludido Manual é no capítulo III (Orientação Específica por Evento), referente à Tabela S-1060 (Tabela de Ambientes de Trabalho) e depois, no mesmo capítulo é reprisada ao versar sobre a Tabela S-2240 (Condições Ambientais de Trabalho

— fatores de Risco). Ainda em relação a esta última tabela, existe orientação no sentido de que as informações sobre a exposição do trabalhador a fatores de risco ambientais devem ser registradas ainda que esteja neutralizada, atenuada ou exista proteção eficaz.

Note-se que até então o empregador tinha como obrigação apenas realizar avaliação ergonômica do trabalho, nos termos da NR-17, não sendo obrigado a elaborar documentos sobre a mesma. Agora o eSocial exige a apresentação de informações oficiais sobre ergonomia, sendo que as tabelas apresentadas não contemplam a hipótese de ambiente ergonomicamente adequado. Por isso, é preciso muita atenção para não preencher a tabela informando equivocadamente a existência de risco ergonômico quando ele não existir. Tanto em relação à Tabela S-1060 quanto à Tabela S-2240, existe orientação para que, **caso inexistam fatores de risco no ambiente informado, deverá ser atribuído o código correspondente da tabela 23, qual seja, o código 09.01.001 — "Ausência de Fator de Risco"**.

As avaliações ergonômicas realizadas pelo empregador devem ser muito criteriosas e bem feitas, tendo em vista que os parâmetros apresentados nas tabelas do eSocial são subjetivos e permitem diferentes conclusões por diferentes analistas. Por exemplo, a manutenção de um tipo de postura por "longos períodos". Qual a definição de longos períodos? Como não foi fornecido um critério objetivo, um analista pode entender que longos períodos representa quase toda a jornada, enquanto para outro, 30 minutos já poderia ser considerado um "longo período".

E em relação a "Situações de Estresse", que a tabela define como sendo aplicável às situações em que o trabalhador sofre "exigências físicas ou mentais exageradas". Também não existe um critério claro parametrizando o que seriam consideradas "exigências físicas ou mentais exageradas", permitindo interpretações diferentes por diferentes analistas.

Também com referência à "Frequente execução de movimentos repetitivos". Segundo a ISSO/NBR 11.228-1 movimentos repetitivos são os que são realizados a cada 5 minutos durante toda uma jornada de 8 horas. Assim, quando há revezamento de atividades não seria, hipoteticamente, caracterizada a realização de esforços repetitivos. Outra definição existente implica em um ciclo de trabalho menor que 30 segundos, ou cujo mesmo padrão de movimentos se repita por mais de 50% deste ciclo, sem especificar durante quanto tempo da jornada de trabalho, permitindo, para alguns analistas, caracterizar movimento repetitivo mesmo se a atividade é realizada em uma fração da jornada de trabalho. Para outros, qualquer atividade realizada mais de uma vez na jornada seria considerada repetitiva.

Esta grande miríade de interpretações possíveis é consequência direta da falta de parâmetros claros na NR-17, sendo que isto conduz a uma situação muito ruim, permitindo a um mesmo analista, em casos idênticos, chegar a conclusões diferentes em diferentes avaliações. Não é preciso muito esforço para entender que esta situação aumenta a possibilidade de conclusões influenciadas politicamente, ou por ideologia, por simpatia/antipatia com o indivíduo avaliado, ou ainda por aspirações de outros ganhos secundários.

Resta ao empregador, a exemplo do que foi sugerido para avaliações ambientais e médicas, investir na contratação de serviços de excelência para efetuar as análises ergonômicas e, quando identificada alguma não conformidade, investir rapidamente na sua regularização, sob risco de criar passivos enormes, muitas vezes capazes de causar enormes prejuízos, que podem ser evitados, preventivamente.

Avaliações feitas a toque de caixa, sem análises contextual, organizacional e biomecânica adequadas, podem induzir a conclusões equivocadas hiperdimensionando os eventuais riscos ergonômicos existentes.

Deve ser ainda considerado que faz parte da formação de quem estuda ergonomia identificar possibilidades de melhorar o ambiente de trabalho, mesmo quando este parece adequado. Assim sendo, no melhor posto de trabalho, na melhor empresa para se trabalhar do mundo, em que o trabalhador pode fazer o horário da maneira como melhor lhe aprouver, podendo escolher entre trabalhar na empresa, em casa, ou ainda permanecer em uma praia para espairecer e ser mais criativo; usufruindo de total autonomia em relação às suas atividades... ainda assim, ergonomistas conseguiriam identificar aspectos que poderiam ser melhorados para o trabalhador. A ideia é melhorar mesmo o que já parece bom o suficiente.

Em virtude disto, mesmo em atividades que impliquem em baixo risco ergonômico, é comum vermos laudos de avaliação ergonômica sugerindo melhorias, o que pode passar a falsa ideia de que o posto de trabalho seria ergonomicamente inadequado.

O desconhecimento por parte de ergonomistas sobre o fato de que a maneira como é redigida uma avaliação ergonômica, sobretudo suas conclusões, pode ser distorcida em uma análise de uma demanda judicial, pode se transformar em um problema tanto para o trabalhador quanto para o contratante dessas avaliações. É preciso ter cuidado para não apresentar redações ambíguas e ter certeza daquilo que está sendo afirmado. Avaliações erradas, mal redigidas, podem causar grandes prejuízos tanto para trabalhadores quanto para empregadores.

O ideal seria que se dispusesse de uma assessoria de Saúde e Segurança do Trabalho capaz de estudar a avaliação ergonômica e identificar conclusões potencialmente equivocadas, para discuti-las tecnicamente com o ergonomista antes da finalização da avaliação ergonômica. Como esta solução, via de regra, não é viável para a maioria dos empregadores, torna-se essencial a contratação de profissionais muito bem formados e qualificados. Os gestores devem ter em mente que terão, cedo ou tarde, de se confrontar com o resultado de suas escolhas. Muitas vezes o barato pode sair muito caro, e isto é especialmente verdadeiro em relação às escolhas referentes à Saúde e Segurança do Trabalho.

Não é demais lembrar que a ideia original da ergonomia ocupacional é adaptar, da melhor maneira possível, o trabalho ao trabalhador, sendo que a formação dos ergonomistas frequentemente não é voltada para dimensionar criteriosamente os riscos biomecânicos das atividades, para estudo das relações causais entre as atividades laborais e o desenvolvimento de doenças osteomusculares.

Portanto, é altamente recomendável procurar se apoiar em avaliações ergonômicas de alta qualidade técnica, realizadas por profissionais experientes, competentes e, preferencialmente, possuidores de credibilidade em suas áreas de atuação.

9. Considerações Sobre Alguns Documentos Importantes da Área de Saúde e Segurança do Trabalho

1. PPRA (NR-9)

A elaboração de documentos de Saúde e Segurança do Trabalho é um tema que gera muitas polêmicas entre os profissionais envolvidos. Talvez a maior de todas as polêmicas seja em relação à NR-9 (Programa de Prevenção de Riscos Ambientais). A celeuma que existe é se os Técnicos de Segurança do Trabalho são aptos para serem responsáveis pela elaboração deste programa ou não. O CREA (Conselho Regional de Engenharia e Agronomia) e os Técnicos de Segurança e suas associações possuem posicionamentos divergentes.

De maneira geral os técnicos de Segurança do Trabalho argumentam que a NR-9 em seu item 9.3.1.1, determina: "A elaboração, implementação e avaliação do PPRA poderão ser feitas pelos profissionais do Serviço Especializado em Engenharia de Segurança e Saúde do Trabalho SSST, ou por pessoa ou equipe de pessoas que, a critério do empregador, sejam capazes de desenvolver o disposto nesta Norma Regulamentadora NR-9 da Portaria n. 3.214/78, n. 25/94". Baseado nisto, entendem que podem ser responsáveis por este documento.

Por outro lado, o CREA-SP[12] (Conselho Regional de Engenharia e Agronomia do Estado de São Paulo) defende que, apesar de não constar explícito na NR-9 (Programa de Prevenção de Riscos Ambientais), este deveria ser elaborado por profissionais de nível superior (Engenheiro de Segurança do Trabalho ou Médico do Trabalho). No *site* do CREA-SP (Sessão Perguntas Frequentes — atividades Técnicas), apresenta os seguintes posicionamentos:

1. O Técnico de Segurança do Trabalho pode assinar laudos de PPRA, periculosidade, insalubridade ou laudos sobre acidente do trabalho? Qual o dispositivo legal que o conduz?

Resposta: A resposta é não, uma vez que somente os profissionais que possuam graduação em engenharia e arquitetura e, no caso, com especialização em engenharia de segurança do trabalho, registrados no Conselho, têm competência legal para a elaboração dos laudos mencionados. Informamos, ainda, os dispositivos legais pertinentes: — Lei n. 5.194/66, que define as atividades "Vistoria, perícia, avaliação, arbitramento, laudo e parecer técnico...", com responsabilidade restrita aos profissionais de nível superior. — Lei n.

---

(12) <http://www.creasp.org.br/perguntas-frequentes/seguranca-do-trabalho>.

7.270/84, que acrescenta parágrafos aos arts. 145 da Lei n. 5.869/73 — Código de Processo Civil, estabelece em seu parágrafo primeiro que: "... Os peritos serão escolhidos entre profissionais de nível universitário, devidamente inscritos no órgão de classe competente, respeitando o disposto no Capítulo VI, seção VII, deste Código". — CLT — Consolidação das Leis do Trabalho, no seu art. 105, define que a caracterização e a classificação da insalubridade e da periculosidade, segundo as Normas do Ministério do Trabalho, far-se-ão por meio de perícia a cargo de Médico do Trabalho ou Engenheiro de Segurança do Trabalho. — Lei n. 7.410/85, que dispõe sobre a especialização de Engenheiros e Arquitetos em Engenharia de Segurança do Trabalho, a profissão de Técnico de Segurança do Trabalho, e dá outras providências. — Decreto n. 92.530/86, que regulamenta a citada Lei n. 7.410/85. — Resolução n. 359/91, do Confea, art. 4º, item 4, que fala sobre as atividades "vistoria, avaliação, perícias, arbitramento, laudos" .

2. Gostaria de saber se o Técnico de Segurança pode realizar e assinar por PPRA (Programa de Prevenção de Risco Ambiental) com base na NR-9 da Portaria n. 3.214/78, ou seria esta uma atribuição exclusiva de engenharia? Se no PPRA devem constar outros itens que não apenas os agentes químicos, físicos e biológicos presentes nos ambientes de trabalho?

Resposta: O profissional que tem competência legal para a elaboração do PPRA é o Engenheiro de Segurança do Trabalho, devidamente registrado neste Conselho.

O Programa de Prevenção de Riscos Ambientais — PPRA é dirigido para agentes químicos, físicos e biológicos e os demais itens devem ser analisados e controlados em programas paralelos.

Também há quem defenda que a atividade de Técnico de Segurança do Trabalho tem formalmente sua área de atuação limitada pela Portaria n. 3.275, de 21 de setembro de 1989 às seguintes atividades:

I — informar o empregador, por meio de parecer técnico, sobre os riscos existentes nos ambientes de trabalho, bem como orientá-los sobre as medidas de eliminação e neutralização;

II — informar os trabalhadores sobre os riscos da sua atividade, bem como as medidas de eliminação e neutralização;

III — analisar os métodos e os processos de trabalho e identificar os fatores de risco de acidentes do trabalho, doenças profissionais e do trabalho e a presença de agentes ambientais agressivos ao trabalhador, propondo sua eliminação ou seu controle;

IV — executar os procedimentos de segurança e higiene do trabalho e avaliar os resultados alcançados, adequando as estratégias utilizadas de maneira a integrar o processo prevencionista em uma planificação, beneficiando o trabalhador;

V — executar programas de prevenção de acidentes do trabalho, doenças profissionais e do trabalho nos ambientes de trabalho, com a participação dos trabalhadores, acompanhando e avaliando seus resultados, bem como sugerindo constante atualização dos mesmos, estabelecendo procedimentos a serem seguidos;

VI — promover debates, encontros, campanhas, seminários, palestras, reuniões, treinamentos e utilizar outros recursos de ordem didática e pedagógica com o objetivo de divulgar as normas de segurança e higiene do trabalho, assuntos técnicos, visando evitar acidentes do trabalho, doenças profissionais e do trabalho;

VII — executar as normas de segurança referentes a projetos de construção, ampliação, reforma, arranjos físicos e de fluxos, com vistas à observância das medidas de segurança e higiene do trabalho, inclusive por terceiros;

VIII — encaminhar aos setores e áreas competentes normas, regulamentos, documentação, dados estatísticos, resultados de análises e avaliações, materiais de apoio técnico, educacional e outros de divulgação para conhecimento e autodesenvolvimento do trabalhador;

IX — indicar, solicitar e inspecionar equipamentos de proteção contra incêndio, recursos audiovisuais e didáticos e outros materiais considerados indispensáveis, de acordo com a legislação vigente, dentro das qualidades e especificações técnicas recomendadas, avaliando seu desempenho;

X — cooperar com as atividades do meio ambiente, orientando quanto ao tratamento e destinação dos resíduos industriais, incentivando e conscientizando o trabalhador da sua importância para a vida;

XI — orientar as atividades desenvolvidas por empresas contratadas, quanto aos procedimentos de segurança e higiene do trabalho previstos na legislação ou constantes em contratos de prestação de serviço;

XII — executar as atividades ligadas à segurança e higiene do trabalho utilizando métodos e técnicas científicas, observando dispositivos legais e institucionais que objetivem a eliminação, controle ou redução permanente dos riscos de acidentes do trabalho e a melhoria das condições do ambiente, para preservar a integridade física e mental dos trabalhadores;

XIII — levantar e estudar os dados estatísticos de acidentes do trabalho, doenças profissionais e do trabalho, calcular a frequência e a gravidade destes para ajustes das ações prevencionistas, normas, regulamentos e outros dispositivos de ordem técnica, que permitam a proteção coletiva e individual;

XIV — articular-se e colaborar com os setores responsáveis pelos recursos humanos, fornecendo-lhes resultados de levantamento técnico de riscos das áreas e atividades para subsidiar a adoção de medidas de prevenção a nível de pessoal;

XV — informar os trabalhadores e o empregador sobre as atividades insalubres, perigosas e penosas existentes na empresa, seus riscos específicos, bem como as medidas e alternativas de eliminação ou neutralização dos mesmos;

XVI — avaliar as condições ambientais de trabalho e emitir parecer técnico que subsidie o planejamento e a organização do trabalho de forma segura para o trabalhador;

XVII — articular-se e colaborar com os órgãos e entidades ligados à prevenção de acidentes do trabalho, doenças profissionais e do trabalho;

XVIII — participar de seminários, treinamentos, congressos e cursos visando ao intercâmbio e ao aperfeiçoamento profissional.

Também há discussão se a Portaria n. 3.275/1989 desautoriza os Técnicos de Segurança do Trabalho a elaborarem o PPRA, uma vez que não há explicitação desta atividade (embora o conceito de PPRA sequer existisse em 1989, a portaria não foi modificada após a Portaria SST 25 de dezembro de 1994), ou se o Item XVI da Portaria n. 3.275/1989 ("*avaliar as condições ambientais de trabalho e emitir parecer técnico que subsidie o planejamento e a organização do trabalho de forma segura para o trabalhador*"), confirmaria tal atribuição.

A NR-9 estabelece a obrigatoriedade da elaboração e implementação, **por parte de todos os empregadores e instituições que admitam trabalhadores como empregados**, do Programa de Prevenção de Riscos Ambientais — PPRA, **visando à preservação da saúde e da integridade dos trabalhadores, por meio da antecipação, reconhecimento, avaliação e consequente controle da ocorrência de riscos ambientais** existentes ou que venham a existir no ambiente de trabalho, tendo em consideração a proteção do meio ambiente e dos recursos naturais. Deve-se lembrar que, **por definição**, as ações do PPRA devem ser desenvolvidas no âmbito de cada estabelecimento da empresa, sob a **responsabilidade do empregador**. E esta responsabilidade também se dá nos âmbitos civil e criminal.

Ainda não existe um posicionamento oficial do Ministério do Trabalho sobre esta questão, sendo que ambas as categorias profissionais apresentam argumentos aparentemente válidos, sendo que o ideal seria que o Ministério do Trabalho se posicionasse, para pôr um fim a esta discussão. Independentemente de quem pode ou não elaborar e ser responsável pelo Programa de Prevenção de Riscos Ambientais, é importante que ele seja feito com o maior nível de conhecimento e de rigor técnico possível, eis que **é função do PPRA propor as medidas para controlar a insalubridade nos ambientes em que há exposição a fatores de risco**.

A responsabilização do empregador pelos danos à saúde e a exposição do trabalhador a ambientes insalubres e perigosos, sem que as medidas de proteção corretas e suficientes sejam adotadas, pode resultar em uma condenação criminal por lesão corporal, em seus diferentes graus, e em indenizações cíveis, por danos morais, materiais, estéticos e outros. Por conseguinte, o empregador ou seus gestores devem escolher com o maior cuidado os profissionais a quem confiam a elaboração dos programas que visam assegurar a Saúde e Segurança dos seus colaboradores, destacando que no direito também vigora o conceito de *"culpa in eligendo"*.

O conceito de *"culpa in eligendo"*, tem a ver com as consequências das nossas escolhas. Diariamente nos vemos forçados a fazer escolhas, e temos que conviver com o resultado destas.

Culpa poderia ser explicada como a situação em que o autor da conduta não quer o resultado, mas pela falta de cuidado pratica a conduta. Se difere do dolo, porque neste a conduta seria intencional. A *culpa in elegendo* seria aquela advinda da má escolha do representante ou do preposto, como a contratação de empregado (ou prestador de serviço), inabilitado ou imperito, por exemplo. Segundo Cavalieri Filho[13], Na vigência do Código de 1916 falava-se em *culpa in eligendo* para caracterizar a má escolha do preposto. A culpa do patrão ou comitente era presumida pelo ato culposo do empregado ou preposto, consoante a Súmula n. 341 do Supremo Tribunal Federal, em razão da má escolha do mesmo.

Decerto, se deseja evitar o risco de ser *"culpado in eligendo"* por um dano evitável à saúde de seus colaboradores, o empregador ou o gestor devem buscar, para a elaboração de seu PPRA, profissionais competentes, com boa formação e com profundos conhecimentos de higiene industrial, capacitados para avaliar as condições do Ambiente de Trabalho, identificar seus fatores de risco e propor as medidas necessárias e suficientes para que o trabalhador labore nas melhores condições, sem insalubridade. E não são todos os profissionais, que se propõem a elaborar um PPRA, que possuem tais características.

Existem Técnicos de Segurança do Trabalho, Engenheiros de Segurança do Trabalho e Médicos do Trabalho capazes de realizar avaliações consistentes e propor as medidas adequadas para a prevenção da exposição aos riscos ambientais e suas consequências, assim como existem, em todas estas categorias, profissionais que não são competentes para fazê-lo. Como a responsabilidade por esta escolha recai sobre o empregador, a prudência recomenda que faça a escolha pelos profissionais mais bem formados e experientes. Apostar em baixo custo, em detrimento da alta qualidade, vem se tornando, cada vez mais, um mau negócio e uma péssima aposta.

2. PCMSO (NR-7)

A NR-7 estabelece a obrigatoriedade de elaboração e implementação, por parte de todos os empregadores e instituições que admitam trabalhadores como

---

(13) CAVALIERI FILHO, S. *Programa de responsabilidade civil*. 11. ed. São Paulo: Atlas, 2014.

empregados, do Programa de Controle Médico de Saúde Ocupacional (PCMSO), com **o objetivo de promoção e preservação da saúde do conjunto dos seus trabalhadores**. Determina ainda que **caberá à empresa contratante de mão de obra prestadora de serviços informar a empresa contratada dos riscos existentes e auxiliar na elaboração e implementação do PCMSO** nos locais de trabalho onde os serviços estão sendo prestados. Ele ainda deve estar articulado com as demais Normas Regulamentadoras.

O PCMSO deve ter caráter de prevenção, rastreamento e diagnóstico precoce dos agravos à saúde relacionados ao trabalho, inclusive de natureza subclínica, além da constatação da existência de casos de doenças profissionais ou danos irreversíveis à saúde dos trabalhadores, sendo que deve ser planejado e implantado com base nos riscos à saúde dos trabalhadores, especialmente os identificados nas avaliações previstas nas demais Normas Regulamentadoras.

Como se trata de um Programa Médico, obviamente só pode ser elaborado por médicos. Deverá ser primordialmente elaborado pelo Médico do Trabalho, sendo que se admite a elaboração por médico de outra especialidade apenas e tão somente se na localidade não existir médico do trabalho (conforme item 7.3.1 da NR-7).

O PCMSO deve incluir, para casos especificados na Norma Técnica, a realização de exames médicos complementares, que deverão ser executados e interpretados com base nos critérios técnicos estabelecidos pelo Ministério do Trabalho. Além disso, deve prever e promover a realização obrigatória dos seguintes exames médicos na pessoa do trabalhador:

a) admissional;

b) periódico;

c) de retorno ao trabalho;

d) de mudança de função;

e) demissional.

O PCMSO também pode prever um fluxo de avaliação dos atestados médicos fornecidos aos empregados. Deve-se lembrar que o controle destes atestados é parte dos mecanismos de rastreamento e diagnóstico precoce dos agravos à saúde relacionados ao trabalho, que a NR-7 prevê como sendo um dos objetivos do programa. Analisar os atestados dos funcionários é desejável para poder estudar os aspectos epidemiológicos das doenças na empresa, sendo que **o cruzamento de dados do eSocial pode permitir ao INSS, assim como aos demais órgãos de fiscalização que têm acesso a essas informações, o conhecimento desta epidemiologia até mesmo antes do empregador**.

Lembramos ainda que é usual, no serviço público, que os funcionários que apresentem atestados recomendando afastamentos superiores a um determinado número de dias, tenham obrigatoriamente que passar pela perícia médica, para descartar casos de atestados falsos, simulações, e ainda verificar desde a veracidade e precisão do documento até mesmo se o afastamento realmente se faz necessário, se é desnecessário, ou se as atividades podem ser realizadas momentaneamente com restrições.

São as conclusões e decisões do médico do trabalho quanto à capacidade ou incapacidade laboral, assim como a correção dos diagnósticos constantes nos atestados dos colaboradores e a necessidade ou não de afastamento, que vão alimentar as planilhas do eSocial que possuem o maior potencial de causar confusão. O preenchimento incorreto destas informações pode levar o sistema do eSocial a presumir pela existência de doença ocupacional, a partir da metodologia do NTEP, gerando um benefício do tipo acidentário (91 ou 92). Por isso, é recomendado extrema cautela no preenchimento das informações médicas no eSocial.

Da mesma forma que mencionado em relação ao PPRA, é importante salientar que é obrigação legal do empregador garantir a elaboração e efetiva implementação do PCMSO, bem como zelar pela sua eficácia, além de custear sem ônus para o empregado todos os procedimentos relacionados ao PCMSO.

A escolha do médico que irá elaborar o PCMSO também é uma escolha do empregador e seus gestores, sendo que estes gestores também podem ser responsabilizados e penalizados se o programa contiver erros ou deixar de solicitar exames necessários para o acompanhamento da saúde dos trabalhadores. É o caso de *culpa in eligendo*, da mesma maneira que exposto em relação ao PPRA.

Mais uma vez ressaltamos a importância de eleger profissionais capacitados, experientes, competentes e com autonomia para desenvolver um adequado Programa de Controle Médico de Saúde Ocupacional. Considerando que a responsabilidade por esta escolha também recai sobre o empregador, o mais prudente é que faça a escolha pelos profissionais mais bem formados e experientes.

3. LTCAT

O LTCAT foi implementado pela Lei n. 9.732/1998, que alterou os arts. 57 e 58 da Lei n. 8.213/1991. Diz respeito à caracterização de atividade insalubre para fins de caracterização ou descaracterização de atividade especial que enseja aposentadoria especial.

O LTCAT somente pode ser elaborado por um profissional de nível superior, nos termos do art. 58 da Lei n. 8.213/1991, que determina em seu § 1º:

"*A comprovação da efetiva exposição do segurado aos agentes nocivos será feita mediante formulário, na forma estabelecida pelo Instituto Nacional do Seguro Social — INSS, emitido pela empresa ou seu preposto, com base em laudo técnico de condições ambientais do trabalho expedido por médico do trabalho ou engenheiro de segurança do trabalho nos termos da legislação trabalhista".*

A função deste documento é basear as decisões do INSS, a partir da vigência desta modificação (em 1998), quanto à concessão de aposentadoria especial por atividade insalubre.

O leiaute S-2241 é o que servirá para o INSS, e demais órgãos de fiscalização que tiverem acesso a estas informações, identificar situações de trabalho insalubre, perigoso, assim como definir as atividades que ensejam aposentadoria especial ao trabalhador. Deve-se lembrar de que o INSS tem movido ações regressivas contra as empresas cujos colaboradores se aposentam precocemente em razão de aposentadoria especial e a atividade insalubre deve ser informada somente quando o trabalho efetivamente se dá em condições insalubres e não toda vez que se identificam fatores de risco. Já presenciamos vários casos nos quais o setor de Recursos Humanos declarou a existência de trabalho insalubre para auxiliar um colaborador antigo a se aposentar e depois foi surpreendido com ações regressivas do INSS por causa da aposentadoria precoce ou até mesmo do ex-colaborador solicitando dando moral por ter sido exposto a condições de trabalho insalubres (degradantes).

É preciso preencher as informações corretas. Se for identificada situação de trabalho insalubre, deve-se preencher o leiaute S-2241 corretamente para não prejudicar o trabalhador. Ao mesmo tempo é recomendável lançar mão de todas as medidas necessárias para elidir a situação insalubre de trabalho e, tão logo sanada, informar a modificação da situação no eSocial.

Não é recomendável utilizar apenas as avaliações do PPRA ou do PCMAT para alimentar as informações referentes à caracterização de atividade insalubre / aposentadoria especial, porque esses documentos não determinam se a atividades são insalubres ou não, mas apenas se foram identificados fatores de risco. Considerando que o LTCAT é um documento técnico, que não apenas identifica a existência de fatores de risco, como também e principalmente, se com as medidas adotadas pela empresa (proteção coletiva e individual), caracteriza-se ou descaracteriza-se o trabalho insalubre, é este o melhor documento para embasar preenchimento do leiaute S 2241, quanto à caracterização de atividade insalubre, perigosa e as atividades que ensejam aposentadoria especial.

4. PPP

O PPP, Perfil profissiográfico previdenciário, é mencionado pelo art. 58 da Lei n. 8.213/1991, tendo sido introduzido por meio de uma modificação promovida nesta lei pela Lei n. 9.258/1997. Vejamos:

Art. 58 da Lei n. 8.213/1991, § 4º: A empresa deverá elaborar e manter atualizado perfil profissiográfico abrangendo as atividades desenvolvidas pelo trabalhador e fornecer a este, quando da rescisão do contrato de trabalho, cópia autêntica desse documento.

Por sua vez, para regulamentar este dispositivo, o art. 68 do Decreto n. 3.048/99 determina que:

§ 2º A comprovação da efetiva exposição do segurado aos agentes nocivos será feita mediante **formulário denominado perfil profissiográfico previdenciário**, na forma estabelecida pelo Instituto Nacional do Seguro Social, emitido pela empresa ou seu preposto, **com base em laudo técnico de condições ambientais do trabalho expedido por médico do trabalho ou engenheiro de segurança do trabalho**. (Redação dada pelo Decreto n. 4.032, de 26.11.2001)

§ 6º A empresa deverá elaborar e manter atualizado perfil profissiográfico previdenciário, abrangendo as atividades desenvolvidas pelo trabalhador e fornecer a este, quando da rescisão do contrato de trabalho ou do desligamento do cooperado, cópia autêntica deste documento, sob pena da multa prevista no art. 283. (Redação dada pelo Decreto n. 4.729, de 9.6.2003)

O INSS, por meio da INSTRUÇÃO NORMATIVA N. 99 INSS/DC, DE 5 DE DEZEMBRO DE 2003 — DOU DE 10.12.2003, em sua Subseção IV "Do Perfil Profissiográfico Previdenciário (PPP)", define em seu art. 146 que:

"... o Perfil Profissiográfico Previdenciário (PPP) constitui-se em um documento histórico-laboral do trabalhador que reúne, entre outras informações, dados administrativos, registros ambientais e resultados de monitoração biológica, durante todo o período em que este exerceu suas atividades."

Esta mesma Instrução Normativa em seu art. 148, § 6º, determinava que a base do PPP seriam os dados ambientais, retirados, dentre outros, do PPRA, PGR, PCMAT, PCMSO, LTCAT, CATs, dados atualizados (§ 7º) sempre que houver alteração ou pelo menos uma vez ao ano. Essa Instrução normativa, contudo, foi Revogada pela IN/ INSS/DC 118 de 14 de abril de 2005, e houve várias alterações posteriores, sendo que a atualmente vigente é a IN/INSS 77, de janeiro de 2015, que em seus arts. 264 a 268 determina:

Art. 264. O PPP constitui-se em um documento histórico laboral do trabalhador, segundo modelo instituído pelo INSS, conforme formulário do Anexo XV, que deve conter as seguintes informações básicas:

I — Dados Administrativos da Empresa e do Trabalhador;

II — Registros Ambientais;

III — Resultados de Monitoração Biológica; e

IV — Responsáveis pelas Informações.

§ 1º O PPP deverá ser assinado pelo representante legal da empresa ou seu preposto, que assumirá a responsabilidade sobre a fidedignidade das informações prestadas quanto a:

a) fiel transcrição dos registros administrativos; e

b) veracidade das demonstrações ambientais e dos programas médicos de responsabilidade da empresa.

§ 2º Deverá constar no PPP o nome, cargo e NIT do responsável pela assinatura do documento, bem como o carimbo da empresa. (Nova redação dada pela IN INSS/PRES n. 85, de 18.2.2016)

§ 3º A prestação de informações falsas no PPP constitui crime de falsidade ideológica, nos termos do art. 299 do Código Penal, bem como crime de falsificação de documento público, nos termos do art. 297 do Código Penal.

§ 4º O PPP dispensa a apresentação de laudo técnico ambiental para fins de comprovação de condição especial de trabalho, desde que demonstrado que seu preenchimento foi feito por Responsável Técnico habilitado, amparado em laudo técnico pericial.

§ 5º Sempre que julgar necessário, o INSS poderá solicitar documentos para confirmar ou complementar as informações contidas no PPP, de acordo com § 7º do art. 68 e inciso III do art. 225, ambos do RPS.

Art. 265. O PPP tem como finalidade:

I — comprovar as condições para obtenção do direito aos benefícios e serviços previdenciários;

II — fornecer ao trabalhador meios de prova produzidos pelo empregador perante a Previdência Social, a outros órgãos públicos e aos sindicatos, de forma a garantir todo direito decorrente da relação de trabalho, seja ele individual, ou difuso e coletivo;

III — fornecer à empresa meios de prova produzidos em tempo real, de modo a organizar e a individualizar as informações contidas em seus diversos setores ao longo dos anos, possibilitando que a empresa evite ações judiciais indevidas relativas a seus trabalhadores; e

IV — possibilitar aos administradores públicos e privados acessos a bases de informações fidedignas, como fonte primária de informação estatística, para desenvolvimento de vigilância sanitária e epidemiológica, bem como definição de políticas em saúde coletiva.

Parágrafo único. As informações constantes no PPP são de caráter privativo do trabalhador, constituindo crime nos termos da Lei n. 9.029, de 13 de abril de 1995, práticas discriminatórias decorrentes de sua exigibilidade por outrem, bem como de sua divulgação para terceiros, ressalvado quando exigida pelos órgãos públicos competentes.

Art. 266. A partir de 1º de janeiro de 2004, conforme estabelecido pela Instrução Normativa INSS/DC n. 99, de 5 de dezembro de 2003, a empresa ou equiparada à empresa deverá preencher o formulário PPP, conforme Anexo XV, de forma individualizada para seus empregados, trabalhadores avulsos e contribuintes individuais cooperados, que trabalhem expostos a agentes nocivos químicos, físicos, biológicos ou associação de agentes prejudiciais à saúde ou à integridade física, ainda que não presentes os requisitos para fins de caracterização de atividades exercidas em condições especiais, seja pela eficácia dos equipamentos de proteção, coletivos ou individuais, seja por não se caracterizar a permanência.

§ 1º A partir da implantação do PPP em meio digital, este documento deverá ser preenchido para todos os segurados, independentemente do ramo de atividade da empresa, da exposição a agentes nocivos e deverá abranger também informações relativas aos fatores de riscos ergonômicos e mecânicos.

§ 2º A implantação do PPP em meio digital será gradativa e haverá período de adaptação conforme critérios definidos pela Previdência Social.

§ 3º O PPP substitui os antigos formulários de reconhecimento de períodos laborados em condições especiais, a partir de 1º de janeiro de 2004, conforme art. 260.

§ 4º O PPP deverá ser atualizado sempre que houver alteração que implique mudança das informações contidas nas suas seções.

§ 5º O PPP deverá ser emitido com base no LTCAT ou nas demais demonstrações ambientais de que trata o inciso V do art. 261.

§ 6º A exigência do PPP referida no *caput*, em relação aos agentes químicos e ao agente físico ruído, fica condicionada ao alcance dos níveis de ação de que tratam os subitens do item 9.3.6, da NR-9, do MTE, e aos demais agentes, a simples presença no ambiente de trabalho.

§ 7º A empresa ou equiparada à empresa deve elaborar e manter atualizado o PPP para os segurados referidos no *caput*, bem como fornecê-lo nas seguintes situações:

I — por ocasião da rescisão do contrato de trabalho ou da desfiliação da cooperativa, sindicato ou órgão gestor de mão de obra, com fornecimento de uma das vias para o trabalhador, mediante recibo;

II — sempre que solicitado pelo trabalhador, para fins de requerimento de reconhecimento de períodos laborados em condições especiais;

III — para fins de análise de benefícios e serviços previdenciários e quando solicitado pelo INSS;

IV — para simples conferência por parte do trabalhador, pelo menos uma vez ao ano, quando da avaliação global anual do Programa de Prevenção de Riscos Ambientais — PPRA; e

V — quando solicitado pelas autoridades competentes.

§ 8º A comprovação da entrega do PPP, na rescisão de contrato de trabalho ou da desfiliação da cooperativa, sindicato ou órgão gestor de mão de obra, poderá ser feita no próprio instrumento de rescisão ou de desfiliação, bem como em recibo a parte.

§ 9º O PPP e a comprovação de entrega ao trabalhador, na rescisão de contrato de trabalho ou da desfiliação da cooperativa, sindicato ou órgão gestor de mão de obra, deverão ser mantidos na empresa por vinte anos.

Art. 267. Quando o PPP for emitido para comprovar enquadramento por categoria profissional, na forma do Anexo II do RBPS, aprovado pelo Decreto n. 83.080, de 1979 e a partir do código 2.0.0 do quadro anexo ao Decretos n. 53.831, de 25 de março de 1964, deverão ser preenchidos todos os campos pertinentes, excetuados os referentes a registros ambientais e resultados de monitoração biológica.

Art. 268. Quando apresentado o PPP, deverão ser observadas, quanto ao preenchimento, para fins de comprovação de enquadramento de atividade exercida em condições especiais por exposição agentes nocivos, o seguinte:

I — para atividade exercida até 13 de outubro de 1996, véspera da publicação da MP n. 1.523, de 11 de outubro de 1996, quando não se tratar de ruído, fica dispensado o preenchimento do campo referente ao responsável pelos Registros Ambientais;

II — para atividade exercida até 13 de outubro de 1996, véspera da publicação da MP n. 1.523, de 11 de outubro de 1996, fica dispensado o preenchimento dos campos referentes às informações de EPC eficaz;

III — para atividade exercida até 03 de dezembro de 1998, data da publicação da MP n. 1.729, de 2 de dezembro de 1998, convertida na Lei n. 9.732, de 11 de dezembro de 1998, fica dispensado o preenchimento dos campos referentes às informações de EPI eficaz;

IV — para atividade exercida até 31 de dezembro de 1998, fica dispensado o preenchimento do campo código de ocorrência GFIP; e

V — por força da Resolução do Conselho Federal de Medicina — CFM n. 1.715, de 8 de janeiro de 2004, não devem ser exigidos o preenchimento dos campos de Resultados de Monitoração Biológica para qualquer período.

10. REFERÊNCIAS BIBLIOGRÁFICAS

BENSOUUSSAN, E; ALBIERI, S. *Manual de higiene segurança e medicina do trabalho*. Rio de Janeiro: Atheneu, 1997.

BOTELHO, F; SILVA, C; CRUZ, F. *Epidemiologia explicada*: viéses. Acta Urologica — Portugal, Setembro de 2010 — 3: 47–52.

BRANDMILLER, P. A. *Perícia judicial em acidentes e doenças do trabalho*. São Paulo: Senac, 1996.

BRASIL, Governo Federal — Decreto n. 8.373, De 11 de dezembro de 2014 — Institui o Sistema de Escrituração Digital das Obrigações Fiscais, Previdenciárias e Trabalhistas — eSocial e dá outras providências.

BRASIL, Governo Federal — Manual de orientação do eSocial, versão 2.4, de setembro de 2017.

BRASIL, Governo Federal — Leiautes do eSocial. Versão 2.4.1, de dezembro de 2017.

BRASIL, Governo Federal — Perguntas e Respostas do eSocial. Versão 2.0, agosto de 2014.

BRASIL, Governo Federal — Perguntas Frequentes — empregador doméstico. Versão 4.0.1, de maio de 2017.

BRASIL, Governo Federal — Lei n. 6.514, de 22 de dezembro de 1977, que altera o Capítulo V do Titulo II da Consolidação das Leis do Trabalho, relativo a segurança e medicina do trabalho e dá outras providências.

BRASIL, Governo Federal — Lei n. 9.732, de 11 de dezembro de 1998, que altera dispositivos das Leis ns. 8.212 e 8.213, ambas de 24 de julho de 1991, da Lei n. 9.317, de 5 de dezembro de 1996, e dá outras providências.

BRASIL, Governo Federal — Lei n. 8.213/1991, que dispõe sobre os Planos de Benefícios da Previdência Social e dá outras providências.

BRASIL, Governo Federal — Decreto n. 3.048, de 6 de maio de 1999, que aprova o Regulamento da Previdência Social, e dá outras providências.

BRASIL, Ministério do Trabalho: Manual de Aplicação da NR-17. 2 ed. — Brasília : MTE, SIT, 2002.

BRASIL, Ministério do Trabalho — Normas Regulamentadoras de Saúde e Segurança do Trabalho.

BURGESS, W. A. *Identificação de possíveis riscos à saúde do trabalhador nos diversos processos industriais*. Belo Horizonte: Ergo, 1997.

CARDELLA, B. *Segurança no trabalho e prevenção de acidentes* — Segurança integrada à missão organizacional com produtividade, qualidade, preservação ambiental e desenvolvimento de pessoas. São Paulo: Atlas, 1999.

CAVALIERI FILHO, S. *Programa de responsabilidade civil*. 11. ed. São Paulo: Atlas, 2014.

CONSELHO REGIONAL DE ENGENHARIA E AGRICULTURA DO ESTADO DE SÃO PAULO. <http://www.creasp.org.br/ perguntas-frequentes/ seguranca-do-trabalho>.

COUTO, H. A. *Ergonomia aplicada ao trabalho* — Conteúdo Básico — Guia Prático. Belo Horizonte: Ergo, 2007.

ESTRELA, C. *Metodologia científica*. Ciência. Ensino. Pesquisa. 2. ed. São Paulo: Artes Médicas, 2005.

FERREIRA JR., M. *Saúde no trabalho* — temas básicos para o profissional que cuida da saúde dos trabalhadores. São Paulo: Roca, 2000.

GARCIA, G. F. B. *Acidentes do trabalho* — doenças ocupacionais e nexo técnico epidemiológico. 2. ed. São Paulo: Método, 2008.

GONZAGA, P. *Temas atuais em segurança e saúde no trabalho*. São Paulo: LTr, 2007.

INSS, Instrução Normativa n. 99 INSS/DC, de 5 de dezembro de 2003, que estabelece critérios a serem adotados pelas áreas de Benefícios e da Receita Previdenciária.

INSS, Instrução Normativa INSS/PRES n. 77, DE 21 DE JANEIRO DE 2015, que estabelece rotinas para agilizar e uniformizar o reconhecimento de direitos dos segurados e beneficiários da Previdência Social, com observância dos princípios estabelecidos no art. 37 da Constituição Federal de 1988.

International Labor Office (ILO): "Ergonomic Checkpoints — Pratical and easy-to-implement solutions for improving safety, health and working conditions". Genebra, 1996.

International Labor office (ILO): "Work Organization and Ergonomics". Genebra, 1998.

LESER, W.; Barbosa, V.; BARUZZI R. G.; RIBEIRO, M. B. D.; FRANCO, L. J. *Elementos de Epidemiologia Geral*. Rio de Janeiro: Atheneu, 2000.

LEVY, B. S.; Wegman, D. H. "OCCUPATIONAL HEALTH — Recognizing and Preventing Work-Related Disease — 2nd Edition". Little, Brown & Company, Boston, 1998

MAENO, M. O eSocial: para além das tabelas, números e questões operacionais. In: ARAÚJO, Vitor (Org.). *Saúde e segurança do trabalho no Brasil*. Ministério Público do Trabalho. Brasília: Movimento, 2017.

MARANO, V. P. *Perfil profissiográfico clínico* — Padrão Clínico. São Paulo: LTr, 2008.

MARTINEZ, W. N. *Prova e contraprova do nexo técnico epidemiológico*. 2. ed. São Paulo: LTr, 2009.

MICHEL, O. *Acidentes do trabalho e doenças ocupacionais*. São Paulo: LTr, 2000.

MORAES, G. *Legislação de segurança e saúde no trabalho*. 11. ed. Normas Regulamentadoras Comentadas e Ilustradas. São Paulo: Gerenciamento Verde, 2015.

NEVES, M. A. B. *As doenças ocupacionais e as doenças relacionadas ao trabalho* — as diferenças conceituais existentes e as suas implicações na determinação pericial no nexo causal, do nexo técnico epidemiológico (ntep) e da concausalidade. São Paulo: LTr, 2011.

OLIVEIRA, P. R. A; BRANCO, A. B. *Nexo Técnico Epidemiológico Previdenciário (NTEP) / Fator Acidentário de Prevenção (FAP)* — Um novo olhar sobre a saúde do trabalhador. São Paulo: LTr, 2009.

OLIVEIRA, S. G. *Indenizações por acidentes de trabalho ou doença ocupacional*. 5. ed. São Paulo: LTr, 2009.

_____. *Proteção jurídica à saúde do trabalhador*. 2. ed., revista e atualizada. São Paulo: LTr, 1998.

PEREIRA, F. J.; CASTELO FILHO, O. *Manual prático* — como elaborar uma perícia de insalubridade e de periculosidade. 2. ed., revista e ampliada. São Paulo: LTr, 2000.

SALIBA, T. M.; CÔRREA, M. A. C. *Insalubridade e periculosidade* — aspectos técnicos e práticos. 5. ed., atualizada. São Paulo: LTr, 2000.

SCHREIBER, A. *Novos paradigmas da responsabilidade civil* — da erosão dos filtros da reparação à diluição dos danos. 5. ed. São Paulo: Atlas, 2013.

SEVERINO, A. J. *Metodologia do trabalho científico*. 7ª reimpressão da 22. ed. São Paulo: Saraiva, 2012.

SOBRINHO, Z. P. *Acidente do trabalho* — críticas e tendências. São Paulo: LTr, 2012.

VELLUCCI, R. G. *Os desafios da implantação do eSocial e seus reflexos nas rotinas das organizações*. Disponível no Sistema de Publicações Eletrônicas de Teses e Dissertações da Universidade Metodista de São Paulo. Consultado em dezembro/2017. Acessível em: <http://tede.metodista.br/>.

WORLD HEALTH ORGANIZATION (WHO). *Epidemiology of Occupational Health*. WHO Regional Publications. European Series, n. 20. 1986.